"实践观点的思维方式"研究

郭晓岩 著

中国社会科学出版社

图书在版编目(CIP)数据

"实践观点的思维方式"研究 / 郭晓岩著. —北京：中国社会科学出版社，2023.10
ISBN 978-7-5227-2529-1

Ⅰ.①实… Ⅱ.①郭… Ⅲ.①马克思主义哲学—研究—中国 Ⅳ.①B0-0

中国国家版本馆 CIP 数据核字（2023）第 167344 号

出 版 人	赵剑英
策划编辑	朱华彬
责任编辑	王　斌
责任校对	谢　静
责任印制	张雪娇

出　　版	中国社会科学出版社
社　　址	北京鼓楼西大街甲 158 号
邮　　编	100720
网　　址	http://www.csspw.cn
发 行 部	010-84083685
门 市 部	010-84029450
经　　销	新华书店及其他书店
印　　刷	北京君升印刷有限公司
装　　订	廊坊市广阳区广增装订厂
版　　次	2023 年 10 月第 1 版
印　　次	2023 年 10 月第 1 次印刷
开　　本	650×960　1/16
印　　张	11
插　　页	2
字　　数	127 千字
定　　价	68.00 元

凡购买中国社会科学出版社图书，如有质量问题请与本社营销中心联系调换
电话：010-84083683
版权所有　侵权必究

前　言

　　本书是在我的博士学位论文基础上修改而成的。在吉林大学哲学社会学院求学期间，让我深切感受到吉林大学守正创新、不断超越的哲学传统和哲学气节。也正是这个原因，才让我选取了高清海先生作为我的研究对象。

　　高清海先生是当代中国著名的哲学家和教育家，从20世纪80年代开始，他以其自由独立的思想人格、针砭时弊的理论勇气、守正创新的研究态度、深邃不凡的学术思想，深刻地变革了长期以来传统哲学观念对人们思想的束缚，有力地推进了当代中国的思想解放和社会发展。他留下的哲学遗产深刻而又浩繁，无论是对于马克思主义哲学以及哲学史的理论研究，还是对于中国改革开放实践的社会发展而言，都曾经且正在发挥着巨大的推进作用和产生着深远影响，值得中外学者作以多方面的体认与阐释。高清海以一代思想巨擘的勇气和睿智，不断创新与自我超越，瓦解了苏联模式教科书的教条体系，实现对马克思主义哲学的本真理解，开创了马克思主义哲学研究的崭新理论范式。

　　高清海先生的学术人生长达半个世纪之久，跨越了整个20世纪后半叶，这半个世纪的历史呈现了他引领中国马克思主义哲学变革的创新之路，见证了新中国由贫穷落后到繁荣富强的崛起之路，也表征了中华民族伟大复兴的时代精神。特别是20世纪80年代以来，高清海有力地变革了哲学研究范式和哲学观念，他立足于改革开放的时代现实，始终坚持自我超越和理论创新，以理论参与的形式为中国社会的改革与发展贡献了意识形态上的重要支持。20世纪后半叶的中国可谓是处于波澜壮阔的时代，而这一时代成就了高清海恢宏壮丽的人生，同时也造就了他守正创新的哲学气节。高先生一语"治学为人其道一也"真实地道出了他的人生体悟和思想精髓。回顾高先生的哲学旅程，在50多年的哲学生涯中，他做出了至少四次重大的理论创新努力。20世纪50年代中期，他和刘丹岩教授大胆质疑传统马克思哲学教科书的教条模式，强调辩证唯物主义和历史唯物主义并非独立且并列的关系，而是存在着内在的逻辑关联。70年代末，他率先开启了哲学教科书体系改革的序幕，构建还原马克思主义本来面目的全新理论体系。80年代末，他以实践观点的思维方式颠覆了本体论思维方式，开启了中国马克思主义哲学研究新纪元。90年代中期，作为独立成果的"类哲学"问世，从此开始了"创造中华民族的思想自我"的艰难道路。概括起来就是：以变革马克思主义哲学观念为指向，运用马克思实践观点的思维方式，通过改革哲学教科书体系并创立"类哲学"理论，建构中国当代马克思主义哲学理论的新形态。用他自己的话说："哲学的生命就在于创新。"正是这种不断追求自我超越的创新精神，使高先生那些立意高远、振聋发聩的哲学思想能够长期引领我国马克思主义哲学研究，也深刻影响着后来的哲学理论研究。从历史的行程上看，高先生的思想历程足以代表并充分展现了中国马克思主义哲学在20世纪中后期自我革新的思想历程。因此学界普遍认为,高清海先生可谓是中国马克思主义哲学自我革新的奠基者。因此,高清海先生的哲学遗产,已成为当代中国哲学弥足珍贵的重要财富。高清海哲学研究是包括中国哲学史在内的当代中国哲学研究的重大课题和研究对象。

高清海先生一生不懈追求哲学探索,其丰富的哲学遗产必然产生多方面的体认与阐释。对马克思主义哲学革命性变革实质的思考和争论,处于中国马克思主义哲学研究的核心位置,自然也成为高先生的重点研究对象。高先生以此为主线,在哲学教科书体系改革的基础上,重新理解马克思的实践观点,从而提出了实践观点的思维方式。高先生返本开新,从思维方式的角度重新理解马克思的实践观点,他认为"对于'实践'观点,不能只看作用来回答认识基础、来源和真理标准等问题的一个原理,而应看作马克思主义哲学用以理解和说明全部世界观问题的一种崭新的思维方式"①。在高先生看来,这一思维方式才是真正理解马克思哲学的关键。现在看来,甚至可以说"实践观点的思维方式"贯穿着高先生哲学研究的始终,不仅是对 50 年代以来的教科书体系改革的深刻总结,也是其后"类哲学""创造中华民族思想自我"等思想的理论根基。因此,高清海先生"实践观点的思维方式"是极具研究价值的。

本书立足高清海本人的哲学立场,依照高清海哲学研究自身理论演变轨迹进行了大量的文本考察,最终认为高清海提出的"实践观点的思维方式"是他哲学研究的真正起点,在一

---

① 高清海:《高清海哲学文存》第 1 卷,吉林人民出版社 1997 年版,第 96 页。

定意义上也是20世纪中后期中国现代马克思主义哲学变革的起点。以"实践观点的思维方式"为起点,高清海开始重绘当代中国思想图景、建构当代哲学理论新形态,使隐匿已久的中国哲学复归国际视野;以"实践观点的思维方式"为起点,高清海开始直面社会现实所展现的一系列问题域,对历史的谬错做出全景式的反思诘问,回归改革开放特别是市场经济的切实指向,解答全球化和现代性的时代困惑。高清海对马克思主义哲学的本真理解,开创了马克思主义哲学的崭新研究范式,因此,"实践观点的思维方式"成为高清海哲学研究贯穿始终的内在逻辑和意识取向。

  本书共有四章。第一章是"实践观点的思维方式"的确立。本章首先分析了"实践观点的思维方式"的生成逻辑。这里所提出的时间线索和内容结构是依据高清海先生的个人经历,并结合他在不同阶段的理论成果来编排的。高清海每一个阶段的哲学思想相互融合与印证、逐渐深化与递进,内在地保持着逻辑统一。虽然高清海在20世纪80年代才正式提出"实践观点的思维方式",但是这一思想却是在哲学教科书体系改革的过程中逐渐形成直至完成的。20世纪50年代,高清海和刘丹岩对苏联模式的马克思主义教科书的理论内容与逻辑架构提出疑问,指出传统教科书无视马克思主义哲学理论生成的历史状况,更加与其原本的内在逻辑关系不符,而人为地割裂了辩证唯物主义和历史唯物主义,并将二者理解为平等的并列关系。于是1956年后陆续发表了《论辩证唯物主义与历史唯物主义的关系》等文章,但由于"左"倾思想影响,这一合理的质疑却被冠以"离经叛道""分家论""修正主义"之名。在理论批判和"文化大革命"期间,高清海坚持理论学习,涅而不缁，厚积薄发。20 世纪 80 年代左右，高清海先生从"辩证法就是认识论"着手拉开了哲学教科书改革的大幕。从 1978 年到 1985 年，高清海共撰写了 15 篇关于辩证法的论文。为辩证法"正名"，与"哲学教科书体系改革"内在契合，从而内蕴着"实践观点的思维方式"。从 1980 年至 1987 年，高清海组织撰写并出版了《马克思主义哲学基础》（上、下册），颠覆了传统教科书的教条理解，以"客体—主体—主客体统一"为框架，贯彻了列宁提出的逻辑、认识论和辩证法的"三统一"原则，体现实践观点的思维方式及其范畴体系和理论内容，推进了哲学世界观的变革。哲学教科书体系改革提出和回答了一些改革开放以来中国哲学教科书改革的根本性问题，可以说，改革哲学教科书体系构成了"实践观点的思维方式"的思想前提和理论渊源。高清海正式提出"实践观点的思维方式"是在 20 世纪 80 年代末出版的《哲学与主体自我意识》一书中，并在中国学界的实践唯物主义大讨论中不断丰富和完善，直至成为一个成熟的理论观念。这是高清海基于对哲学教科书改革的总结、反思，对市场经济体制改革的需求进行思考的重要理论成果。

第二章是"实践观点的思维方式"的内涵。高清海认为，作为时代精神的精华，哲学理论（哲学体系）的产生、变化与发展从根本上都是思维方式的变革。而实践观点的思维方式，是马克思主义哲学与其他哲学的根本区别和判定标准。基于这样的理解，高清海将"实践观点的思维方式"归结为马克思哲学革命的实质。他强调实践首先是一种思维方式。思维方式的变革，即新的思维方式的出现，往往都是时代变革的产物，也都代表着思想的解放。高清海认为，马克思最大的贡献就在于创立了基于实践的哲学思维方式，由此实现了哲学革命。所以我们理解和把握了实践观点的思维方式，也就理解和把握了马克思主义哲学的精神实质。思维方式历史地、具体地表达并体现在哲学史上的每一个哲学家、哲学体系和哲学观点中。高清海基于西方哲学史的研究，从总体上将思维方式划分为自然观点、存在观点、意识观点、人本学观点和实践观点的思维方式。他认为，这五类思维方式相互区别的本质内容，就在于对人的本质的理解不同。马克思的实践观点成功地克服了它以前的几种思维方式的不足，科学地提出实践是人的存在方式，将人的客观世界与主观世界、自然世界与属人世界统一起来，实现了哲学思维方式的伟大变革。另外，作为思维方式的本体论，在哲学史上是传统哲学的基本思维方式，在人们的现实生活中也发挥着重要的作用。而实践观点的思维方式的起点就是去本体论，从而显示出哲学革命的重要意义。针对重新理解马克思实践观的另外两种学说"实践唯物论""实践本体论"，高清海认为实践观点的思维方式与它们存在着本质上的区别，"实践唯物论""实践本体论"将实践理解为世界的本原，并未脱离本体论思维方式。而实践观点的思维方式，从根本上扬弃了这种本体论的思维方式，进而科学地重释了马克思主义哲学实质。实践观点实现了思维与存在、主观与客观的统一，从而消除了世界两重化的矛盾，但在更深层次的意义上，实践观点超越了长期以来唯物论和唯心论两极对立的思想模式，从而在理解人的本质问题上由追求本体、本原的抽象理解到回归现实生活的实践理解。

第三章是"实践观点的思维方式"的理论价值。"实践观点的思维方式"的诞生是一次伟大的理论变革，其宏大深远的理论价值可以体现在三个维度。其一，高清海在重新解读马克思哲学的过程中，主张将马克思的实践观点置于核心地位，但是他没有从本体论来理解实践，而是以思维方式为切入点，并以此揭示了马克思哲学所实现的革命性变革的实质，为当代马克思主义哲学研究提供了新的研究范式、拓宽了理论视野。其二，"实践观点的思维方式"的确立，在本质上区别于传统本体论思维方式，从而实现了从传统哲学向现代哲学的转向，这一理论的意义也就体现在思维方式的转换上，现代哲学基本原则也大都来源于这一创新性思维方式，在这个意义上，高清海认为马克思哲学是现代西方哲学的奠基理论。而实践观点作为马克思从传统哲学向现代哲学转向的一个本质特征，承载着现代哲学的理论内核和思想精髓。因此，高清海认为，在理论变革的意义上，马克思的"实践观点的思维方式"是传统哲学转向现代哲学的实质，为现代哲学发展提供了新的思路和视域。其三，当代中国马克思主义研究的历史条件和特殊背景，使高清海意识到必须从根本上改变思维方式，才能彻底摆脱"左"倾思想的桎梏并体悟马克思主义哲学的真谛，真正实现社会进步和人的发展。而这一思维方式只能是马克思的"实践观点的思维方式"。正是在这样的思维方式的转换中，高清海实现了对中国马克思主义哲学体系的重新构建。另外，作为以马克思主义为指导思想而取得民主革命胜利的中国，在相当长的时间内都教条、片面甚至错误地理解了马克思哲学理论，特别是没有理解马克思哲学革命的实质，导致中国的马克思主义哲学研究长期落后于西方，而高清海将马克思的实践观点从思维方式的角度上来理解，在国际学界展示了最具创新性的马克思哲学研究成果，使当代中国马克思哲学研究重新回归现代哲学视野。

　　第四章是"实践观点的思维方式"的实践价值。哲学要求自身必须面向时代，研究和回答自己时代的重大问题。改革开放是中国时代变革的产物与特征，必然诞生新的哲学思想与其相适应。高清海提出"实践观点的思维方式"，就是对这一时代精神的理论表达与积极回应。这一点可以从三个方面得以说明。其一，"实践观点的思维方式"是完全符合改革开放与市场经济建设的时代需求的。高清海认为，市场经济在人类或社会发展的进程中，体现出不可超越的历史特性。而且，马克思"三形态"理论指出"个人的独立性是在第二大形态即市场经济的发展阶段形成的"①，即人的主体性也主要是在市场经济中得以确立和发挥。因此，"实践观点的思维方式"是市场经济改革的理论参与和思想介入，消解了人们对市场经济的保守观念，捍卫了市场经济的主体地位，促进市场经济生活中人的发展，对于中国市场经济体制改革贡献了不可或缺的推动力量。其二，"实践观点的思维方式"与中国思想启蒙与解放的时代诉求相契合。高清海对马克思哲学精神实质的准确把握，彻底地摆脱了教条主义和经验主义等传统思想的束缚从而迎合了"解放思想"的时代需求。改革开放初期以思想启蒙为主题，这是时代的必然要求，高清海因时代之需顺势而为进行了影响深远的思想解放与理论创新，参与、影响并深刻地推进了当代中国思想的启蒙。其三，高清海致力于用马克思主义的科学理论回答时代发展所面对的重大课题，而全球化和现代性是其中最具代表性和研究价值的问题域，也最为切中"现

---

① 高清海：《高清海哲学文存》（第2卷），吉林人民出版社1997年版，第202页。

实世界"的问题呈现。全球化在增进世界公共利益、人类共同命运的同时，也由此带来了人类发展的危机和矛盾。高清海提出的"实践观点的思维方式"意味着哲学思考已开始从外在的视野向人内在的眼界回归。现代性作为人类文明的成果，马克思主义哲学对现代性的批判具有重要的奠基作用。这种现代性问题突出呈现为理性、主体性和资本逻辑的危机，而高清海提出的"实践观点的思维方式"为我们理解现代性处境提供了丰富的思想框架，是有效回应现代性的理论武器。

这里有必要对本书的研究方法加以说明。总体来讲，本书采用了史论结合的研究方法，即结合哲学史并按照高清海学术研究和个体经历的历史线索来阐述实践观点的思维方式，同时运用马克思的理论观点和思维逻辑对其进行论证和评价。史论结合的研究方法是高清海一贯倡导的方式，他对马克思的实践理论的研究，深度结合了西方哲学史的多维含义的解读，并开创性地以思维方式的视角去说明马克思的实践观念。这一史论结合的研究方法能够深刻地揭示问题背后的历史意蕴，更加清晰地表达与阐明内蕴其中的逻辑理路与价值取向。本书也积极地采用这一科学合理的研究方法，回到高清海本人的思想历程和现实经历，深入到高清海自身的经典文本中去，并运用马克思主义经典作家和西方哲学家的理论观点和运思理路进行观照、印证和评判，以此来真实地表达高先生的思想精髓和正确评价高清海"实践观点的思维方式"的历史意义。改革开放是极具时代特征的特殊历史时期，具有理论和现实都出现巨大变革的双重背景。因此必须返归到具体的时代背景中去，还原高清海先生的本来思想，正确解读他的文章著作表达的观点，才能从总体上展现出高清海先生的哲学观念本真思想及其哲学体系的本来面貌。

感谢吉林大学各位教授对我的博士学位论文以及本书的修改给予了宝贵的建议。感谢中国社会科学出版社的朱华彬老师对本书的辛苦付出和巨大支持。

目 录

第一章 "实践观点的思维方式"的确立 …………… 1
  一 "实践观点的思维方式"的生成逻辑概述 ………… 1
  二 "体系改革思想溯源" …………………………… 5
  三 为辩证法正名 …………………………………… 17
  四 "真正突破"的哲学教科书体系改革 …………… 21
  五 "实践观点的思维方式"的正式提出 …………… 45

第二章 "实践观点的思维方式"的内涵 …………… 54
  一 "实践观点"首先是一种思维方式 ……………… 54
  二 实践观点对本体论思维方式的颠覆 …………… 61
  三 实践观点对哲学基本问题的解读 ……………… 65
  四 实践观点对人的本质的理解
    ——向"类哲学"的过渡 ……………………… 71

第三章 "实践观点的思维方式"的理论价值 ……… 78
  一 揭示马克思哲学革命的实质 …………………… 79
  二 "实践观点的思维方式"与现代哲学变革的
    关系 ……………………………………………… 89

三 "实践观点的思维方式"与当代中国马克思
主义哲学研究和理论变革 ………………… 99

第四章 "实践观点的思维方式"的实践价值 …………… 105
 一 符合改革开放与市场经济建设的时代需求 ……… 106
 二 契合思想启蒙与解放的时代诉求 ………………… 123
 三 回应全球化、现代性的时代课题 ………………… 131

结 语 ………………………………………………… 146

参考文献 ……………………………………………… 151

第一章 "实践观点的思维方式"的确立

一 "实践观点的思维方式"的生成逻辑概述

"实践观点的思维方式"的出场,正值中国走出极左阴霾、奔向改革开放、经济与社会大发展的时代变革关键期,也是在中国哲学告别经院哲学、回归现实世界、探索时代精神的哲学转向背景下完成的。高先生在他的哲学思想自述中,曾经回顾了他的思想发展过程。他说:"回顾十年来的工作,就理论方面说,我主要开展了三项研究:①突破僵化模式,改革教科书的哲学体系;②克服'本体论化'倾向,重新理解马克思主义哲学思想的实质;③体现时代精神,变革哲学观念,推进哲学理论进一步发展。……这三项研究是紧密连接在一起的,或者说它们实质上是一个问题。改革教科书的哲学体系是一个突破口,一旦动手改革深入进去,就不能不碰到旧教科书存在的本体论化倾向问题,不能不提出对马克思哲学思想实质的重新理解问题。而这些问题的解决,又必然会引向观念的重大变革和哲学理论的进一步发展。"[①] 从这里我们也可以看出,高

---

① 高清海:《高清海哲学文存》第1卷,吉林人民出版社1997年版,第312页。

清海每一个阶段的哲学思想是互相融合、互相印证和不可割裂的，内在地保持着逻辑统一。虽然高清海在20世纪80年代才正式提出"实践观点的思维方式"，但是这一思想却是在哲学教科书体系改革的过程中逐渐形成直至完成的，而高清海对教科书改革的思考在20世纪50年代就已经开始了。而哲学教科书体系改革的第一个成果，便是1956年发表的《论辩证唯物主义与历史唯物主义的关系》，高清海和刘丹岩提出苏联模式的马克思主义教科书背离了马克思主义哲学基本精神，且无视马克思主义哲学理论生成的真实历史，更加与其原本的内在逻辑关系不符，而人为地割裂了辩证唯物主义和历史唯物主义，并将二者理解为平等的并列关系。但由于"左"倾思想影响，这一合理的质疑却被冠以"离经叛道""分家论""修正主义"之名，然而不可否认，这是中国学者对苏联模式哲学体系表达质疑的第一次尝试，也坚定了高清海改革哲学体系和变革哲学观念的理论信心，最终成为他矢志不渝的研究方向。

20世纪70年代末，伴随着中国思想解放、改革开放的进程，人们对马克思主义哲学的认识水平也有了显著的提高，越来越多的人希望突破教科书旧有的框架，构建一个崭新的原理体系，它既能真实理解马克思主义哲学科学的、革命的精神实质，又能充分反映马克思主义理论在新时代应当具有的丰富内涵。这也成为高清海酝酿已久的真正超越苏联模式的哲学教科书改革的最佳契机。于是高清海马上整理自己对传统苏联模式教科书的弊端的长期思考，并开始积极筹划新教科书的框架和内容，旨在回归马克思主义哲学的本真面目，同时也能适应中国改革开放快速发展的迫切需求。20世纪80年代左右，高清海先生从"辩证法就是认识论"着手开始进行"真正突破"

的教科书体系改革。从1978年到1985年，高清海共撰写了15篇关于辩证法的论文。为辩证法"正名"，与"哲学教科书体系改革"内在契合，从而内蕴着"实践观点的思维方式"。从1980年至1987年，高清海组织撰写并出版了教科书改革的代表性成果——《马克思主义哲学基础》（上、下册）。这部教科书提出和回答了一些改革开放以来中国哲学教科书改革的根本性问题。《马克思主义哲学基础》打破了苏联"教科书"的传统模式，以"客体—主体—主客体统一"为框架，贯彻了列宁提出的逻辑、认识论和辩证法的"三统一"原则，体现实践观点的思维方式及其范畴体系和理论内容，在一定意义上超越了对马克思哲学的本体论化理解，实现了对马克思主义哲学的认识论理解，推进了哲学世界观的变革。在内容上，这本书以主体性的名义颠覆了本体论的思维，高清海也由之断言《马克思主义哲学基础》是以主体的方式为主观性正名的作品。由于之前苏联模式的马克思主义哲学教科书影响非常大，高清海主编的这本教材一经出版，就在中国哲学界引发了改革马克思主义哲学体系和内容的浪潮。与编写《马克思主义哲学基础》同时进行的理论探进是高清海从关注哲学的性质、对象和功能等问题深入对哲学观念变革的研究。一系列的"哲学探进断想"文章的发表，启发和推进了中国马克思主义哲学界对马克思主义哲学基本理论研究方向的关注和争论。

高清海正式提出"实践观点的思维方式"是在20世纪80年代末出版的《哲学与主体自我意识》一书中，并在中国学界的实践唯物主义大讨论中不断丰富和完善，直至其成为一个成熟的理论观念。这是高清海基于对哲学教科书改革的总结、反思，对市场经济体制改革的需求进行思考的重要理论成果。

高清海以"实践观点的思维方式"去理解人与哲学，这是他哲学观念变革的积极思想成果和全新思想角度，更是他的哲学风格与哲学范式。"实践观点的思维方式"的提出，真正推进了学界对马克思主义哲学观念的深入理解。在高清海看来，理解和把握马克思主义哲学的精髓，必然要从根本的思维方式上，即从实践观点上去重新认识马克思及其哲学，而并非继续停留或徘徊在传统的本体论思维方式上。具体来说，就是以马克思实践观点的思维方式为基本立场和初始逻辑，从而否定一切传统的以本体论思维方式为基础的自然观点、存在观点、意识观点和人本学观点的哲学思维方式。他认为，"对于马克思主义的实践观点，我们决不能把它看作仅仅是用来回答认识的基础、来源和真理的标准等认识论问题的一个原理，而必须把它看作马克思主义用以理解和说明全部世界观问题、区别于以往一切哲学点的新的思维方式。只有认识到这一点，才能把握马克思主义哲学全部内容的实质"①。因此，"实践观点的思维方式"可谓是高清海哲学体系的真正理论起点，其后的所有重要哲学思想大都以此为理论根基。实践观点的思维方式历史地、辩证地对人的本质进行了重新思考，而这一思维方式正是马克思及其哲学的本真思想逻辑，从根本上克服了以往思维方式对马克思哲学的片面的抽象的理解，这不仅是哲学在变革和发展过程中的自觉趋向，也是"现实的人"和"生活世界"不断发展的现实需要。

因此，高清海的"实践观点的思维方式"思想的生成存在着清晰的逻辑进路。如果只从高先生在每一个历史阶段的成

---

① 高清海：《高清海哲学文存》第1卷，吉林人民出版社1997年版，第114页。

果来进行考察的话，大致可以总结为以下几个阶段。第一，1952年至1978年，为"体系改革思想溯源"阶段，具体划分为"离经叛道"的"分家论"时期（1952—1959）和韬光养晦的"理论停滞期"（1960—1978）；第二，1978年至1985年，为辩证法研究阶段；第三，1980年至1987年，为哲学教科书体系改革与研究阶段；第四，1988年至1995年，为"实践观点的思维方式"的正式提出阶段。以下内容即根据这种划分方法作以详述。

二 "体系改革思想溯源"

高清海是用实践观点的思维方式来理解和解读马克思主义哲学的，同时也是用实践观点的思维方式来推广马克思主义哲学的理论传播和宣传教育的。我们也可以这样来理解，虽然实践观点的思维方式是在20世纪80年代正式提出，但是这一思想的形成却是在哲学教科书体系改革的过程中逐渐完成的，或者说，实践观点的思维方式贯穿教科书体系改革的始终。可以说，高清海先生一生都在批判起源于苏联的教科书范式，构建切合马克思本真思想的哲学教科书体系，从而创造中华民族自己的哲学理论。而哲学教科书体系改革的第一个成果，便是1956年发表的《论辩证唯物主义与历史唯物主义的关系》，高清海自己也是如此认为的，1997年在编辑《高清海哲学文存》时，高先生在文存第一卷中收录了这篇文章，并在标题上面冠之以"体系改革思想溯源"，可见高先生对这篇文章的重视。此处也借用"体系改革思想溯源"为题来阐述1978年以前高先生的思想脉络。

（一）"离经叛道"的"分家论"时期

高清海的求学生涯始于1948年。当年，他进入东北行政学院（吉林大学的前身）教育系开始学习，1950年又到中国人民大学马列主义基础教研室进修，由苏联学者讲授哲学和逻辑学，1952年研究生毕业后回到东北人民大学（也是吉林大学的前身）任教。对于这段难得的学习经历，高清海先生自然是十分珍惜的，他回忆说："能够继续大学生活，特别是到向往已久的首都去学习，对我来说实在是难得的宝贵机会。正像俗话说的'久旱逢甘雨'，我把全部身心都用在了学习上。这一段学习为我的心灵开拓了一个全新的世界。"[1] 旺盛的求知欲望和不懈的刻苦学习为高先生能够迅速跻身国内知名学者奠定了基础。但是任教以后，随着教学和研究的深入，高先生很快意识到了自己的问题，"两年的学习我们都养成了'照本宣科'、'人云亦云'的教条主义习性，几乎已经忘记自己还有一个应该进行思考的头脑"[2]。而让高先生开始独立思考的人正是他亦师亦友的引路人，刘丹岩教授。

1952年，高清海回母校哲学教研室任教。曾留学英国的刘丹岩教授作为当时的教研室主任，他并不认同当时苏联专家讲授的马克思主义哲学教学体系，主张从马克思经典著作中去重新解读马克思主义哲学。这种不"随风附俗"的独立见解对正处在积累和探索时期的青年高清海产生了巨大的影响。他曾写道："在他（刘丹岩）的熏陶下，我被禁锢的思想有一种

---

[1] 高清海：《高清海哲学文存》第6卷，吉林人民出版社1997年版，第356页。
[2] 高清海：《找回失去的"哲学自我"：哲学创新的生命本性》，北京师范大学出版社2004年版，"序"第2页。

解放之感。从接受苏联学者的教育之后，回来又接受了丹岩教授的教育，我始终觉得这是我的幸运。和他相处10余年，使我无论在做人之道方面或治学之道方面都得益匪浅。如果说从苏联学者处我学会了搞学问应当如何打好基本功，那么从丹岩教授这里我才懂得如何用科学的精神和方法去从事理论的学习和研究。这两个方面对我的成长都很重要，都不可缺少。"①因此，在高清海的人生履历和学术生涯中，这段50年代中期的经历至关重要，其作用并不在于产生的学术成果或扩大学术影响，而在于接受了刘丹岩教授的思想而不再束缚于苏式教条主义思维，从而先于多数同期哲学研究者进入独立自由的研究状态。这种研究状态的转变，更加符合哲学家和哲学研究的本性，也成为高清海本人的思维方式变革的阶段标志，这对于高清海后来的学术成就而言是至关重要的。

高清海不畏权威、勇于变革的学术良知和理论勇气很快转化为学术成果，在这一阶段，高老师就有5篇论文发表，另有《什么是唯心主义》、《剖析唯心主义》、《论辩证唯物主义与历史唯物主义的关系》（与刘丹岩合作）、《唯物辩证法的实质与核心》共四部著作出版，在哲学界产生了很大反响，使其跻身国内资深学者的行列，1956年高清海被破格晋升为副教授，当时年仅27岁，而当时国内哲学副教授职称是极为稀缺的。当然，也正是这一系列的成果与荣誉成了他在后来特殊的动乱年代遭受苦难的导火索。用高先生自己的话说，这既奠定了日后他在国内哲学界崛起的基础，也给他招来了几乎断送学术生涯的狂风暴雨般的批判！

---

① 高清海：《高清海哲学文存》第6卷，吉林人民出版社1997年版，第356页。

高清海强烈的求真精神和批判意识与那个年代显然格格不入。自1957年的"反右"斗争开始，"左"倾思潮全面占领我国社会生活的各个领域，高校自然是政治斗争的主战场，而高清海老师似乎对政治强权视而不见，磨而不磷，涅而不缁，依然对当时的错误思想进行理论批判。如《只有依据客观规律才能发挥人的主观能动作用》批判了当时"人有多大胆、地有多高产"的唯意志论和主观主义；《关于"两条腿走路"中的排斥、斗争与统一的辩证关系问题》（与雷振武合作）批判了当时人们论证"两条腿走路"只有统一而无对立的关系；《论辩证唯物主义与历史唯物主义的关系》批判了以苏联教科书为蓝本的哲学教科书将辩证唯物主义和历史唯物主义并列编排的逻辑错误，并与刘丹岩合作出版了同名专著。今天看来，这些观点都是马克思主义哲学的常识，但以当时的主流思想来评判显然"不合时宜""离经叛道"，却也让世人见证了高清海先生不随俗流、勇于担当的社会责任感和破除迷信、勇于开拓的创新精神。

1959年校内开展了声势浩大的批判资产阶级和修正主义学术思想的运动。高清海和刘丹岩教授关于辩证唯物主义和历史唯物主义关系的观点，被扣上"分家论"的帽子，成了"妄图肢解马克思主义哲学一整块钢铁的典型修正主义观点"，高清海与雷振武合作的《关于"两条腿走路"中的排斥、斗争与统一的辩证关系问题》，被宣布为"反动"文章，成了"右倾机会主义"的理论依据，被冠以"离经叛道"的罪名。

高先生于1956年写作的《论辩证唯物主义与历史唯物主义的关系》，包括后来的同名著述，是他极为看重的学术成果。因为这篇文章，他开始了长达近二十年的艰苦岁月，但也从这篇文章出发，他开始了长达四十多年对传统哲学教科书体系的批判和改造。因此，有必要对这篇文章的相关内容作以简述。

这篇《论辩证唯物主义与历史唯物主义的关系——哲学与社会学的统一和分化》在1958年被编进高清海与刘丹岩合著的《论辩证唯物主义与历史唯物主义的关系》一书中，全书共三篇汇编，这是其中第二篇文章。1996年，这篇文章再次被编入《高清海哲学文存》，并以"体系改革思想溯源"为名置于文存第1卷，足见高先生对此文章的珍视。另外，虽然文章的基本观点已经改变，但高先生在文存中仍然基本保留了原文的内容，只是出于突出主题的目的而修改第四部分的标题为"哲学与科学"，其他未作改动。对此，高先生在卷末注解道："这篇文章是我早年写的，其中基本观点虽然后来变化了，但很多思想的连续轨迹还是很清楚的。现在把它作为'历史'档案放在这里，所以叫做'体系改革思想溯源'。读者从中可以看到，那时不只思想、观点有很大局限，连语言风格也与现在的不同，明显表现了受到苏式翻译语句影响的痕迹。当时能够看到的马克思、恩格斯和列宁著作的译本，译文都不够准确，有的还是苏联出版的中译本，语言更是'蹩脚'。为了保持原貌，这些都未作改动。"[①]

从这里我们可以看出，对于高清海终其一生并作出巨大贡献的哲学教科书体系改革而言，这篇文章是存在清楚的"思想的连续轨迹"的，进一步说，这篇文章是这个"思想轨迹"的起点。虽然他强调这篇论文的时代局限性，但并不影响这篇文章的时代价值和现实意义，在那个政治压倒一切的时代，他

---

① 高清海：《高清海哲学文存》第1卷，吉林人民出版社1997年版，第426页。

能够对苏联模式的哲学教科书的体系结构进行科学理性的批判，且这种批判的逻辑理路与80年代的教科书改革是完全相通的，也就决定了这篇文章的学术价值，对于我们研究高先生的学术思想，乃至我国现代哲学思想史，都是十分珍贵的。

这篇文章所指向的对象十分明确，即批判苏联式哲学教科书将"辩证唯物主义与历史唯物主义分割开来并列为哲学的两个组成部分"①。现在看来，当时中国的教科书也并非完全照搬苏联，其中也加入了一些中国特色，这样的说法并不符合史实，但从教科书的体系架构、内容编排上二者并无二致，就说明了这种"照搬"是确实存在的。而当时苏联教科书有着其特殊的国情，斯大林运用政治权力将苏联国内对马克思主义哲学的理解以及其他意识形态进行了规范和统一，他所主张的"历史唯物主义是辩证唯物主义在社会领域的具体应用"的定义，也成了苏联哲学界的主流观点，因此，在苏联的马克思主义哲学原理教科书编排中便将辩证唯物主义和历史唯物主义分割且并列为相互独立的两部分，进而成为我国哲学教科书的主体架构。因此，高清海的论文对象直指这一苏联式的马克思主义理解，认为这是在特定历史条件特定地域的思想产物，并不具有普适性。

文章中，高先生开始尝试他后来一直推崇的史论结合的研究方法来阐述历史唯物主义的基础和起源。首先，他论述了马克思主义哲学与科学之间的共性和个性的关系，认为马克思主义哲学"既不是包罗一切科学的综合知识体系，也不是压在

---

① 高清海主编：《马克思主义哲学基础》（上册）序言，北京师范大学出版社2012年版，第7页。

一切科学之上的'科学的科学',马克思主义哲学是从共性出发研究世界,以世界整体的本质及其发展变化的一般规律为对象的科学"①。然后,高先生考察了"历史唯物主义在哲学发展中的形成",他明确提出,"历史唯物主义奠定了社会学的科学基础,把社会学推上了科学发展的道路,这同时就是说,历史唯物主义本身就是这样的理论。历史唯物主义就是马克思列宁主义的社会学,就是科学的社会学的别名。历史唯物主义的出现不仅把社会学或历史学变成了科学,与此相适应,同时也把其他一切对社会的认识置于科学的基地上了"②。在这里,高先生沿用列宁所使用的"社会学"这个术语,确实是受到当时苏联语境的影响,但也主要是为了阐明历史唯物主义的思想根源是社会科学和人文科学,而非以自然科学为基础的辩证唯物主义,因此,历史唯物主义以人的本质的问题为研究对象,以历史辩证法为研究方法,这是与辩证唯物主义有本质区别的,进而推翻了"历史唯物主义是辩证唯物主义在社会领域的具体应用"的错误定义。进一步来看,高先生在具体论证这一观点时指出:"很明显,历史唯物主义决不是用逻辑演绎的办法从辩证唯物主义理论中产生出来的。历史唯物主义是应用辩证唯物主义的方法和理论对社会历史进行了具体研究的结果……因为如果过分夸大了历史唯物主义科学之理论演绎结果的性质,很自然会看不到历史唯物主义的特殊理论内容从而得

---

① 刘丹岩、高清海:《论辩证唯物主义与历史唯物主义的关系》,上海人民出版社1958年版,第38页。

② 刘丹岩、高清海:《论辩证唯物主义与历史唯物主义的关系》,上海人民出版社1958年版,第53页。

出否认历史唯物主义独立科学地位的结论。"① 在这里，高先生强调辩证唯物主义是辩证的方法、历史唯物主义是运用辩证方法研究人类社会历史现象提出来的理论。也就是说，高先生在具体论证这一观点时更多地在方法论意义上对辩证唯物主义进行阐述，认为传统哲学教科书模式中的历史唯物主义与辩证唯物主义的并置关系，按马克思主义哲学的原意，应该是理论与方法之间的关系。高先生对这一问题清晰的解析和论证揭示了传统教科书体系走向教条的必然性，从而佐证了教科书体系改革的必要性。

（二）韬光养晦的"理论停滞期"

任何哲学理论都是经由哲学家以其个人独特的理性思辨和生命体验对人类的思想和文明进行历史的、时代的总结。对于时代而言，那一段动荡的岁月不过只是历史演进的一个过程性环节；而对于个体而言，那段岁月却是刻骨铭心的生命体验。特别是对于高清海先生而言，尽管晚年提及"文革"以前以及"文革"之中那些苦难经历，总是讲得云淡风轻，尽显哲学家的宽容、超脱与达观，但也正是这段特殊的生命体验，让高先生更加坚定了坚持真理、变革观念的决心，也为他提出"实践观点的思维方式"提供了思想根基。

从高清海先生的个体经历来看，1960 年又是一个重要的转折点。这一年，不但大会小会进行批判，同时发表了大量批判刘丹岩和他的文章，即所谓"理论批判"。理论批判之后，

---

① 刘丹岩、高清海：《论辩证唯物主义与历史唯物主义的关系》，上海人民出版社 1958 年版，第 90 页。

取消了高先生讲授马克思主义哲学原理课的资格，分配去讲授欧洲哲学史专业课。高先生对这一"惩处"却是欣然接受的，认为这是因祸得福，使他有机会对西方哲学史进行深度研究，更重要的是，给了他通过西方哲学史来思考马克思哲学的意义空间，极大拓宽了他理解马克思主义哲学的视角和逻辑。高先生说："我的目的很明确，不是为史而去研究史，主要是想弄清马克思主义哲学作为全部哲学和科学发展合乎逻辑的必然产物的根据何在，马克思主义哲学的产生引起了哲学自身革命性的变革的基本实质是什么。"[1] 带着这样明确的目标，高先生对西方哲学史的研究水平迅速提高，成为当时屈指可数的精通西方哲学史的马克思主义理论家，而他善于思辨、史论结合的学术风格也正是源自这段"被迫"研究西方哲学史的"昏暗的时光"。他说："人类思想经过了漫长的道路以后才达到今天的哲学认识，我们每个人也只有接受前人的成果和教训，从思想上走完人类认识所经历的过程，才能真正体会和掌握作为人类智慧精华的科学结论。这就是恩格斯所说的，要掌握理论思维的观点和方法除了学习'以往的哲学'即哲学史，没有别的手段的意思。"[2] 高清海认为研读西方哲学史原著与读马列原著一样重要，他在这一时期留下了大量的读书笔记，其中大部分内容成为后来编写《欧洲哲学史纲》的素材，还有一部分内容后来整理成专著出版。因此，在高清海的履历当中，这一时期看似并没有直接而丰厚的成果，其实对于他的理论和思想的成熟和完善奠定了十分必要的基础。从成效上来看，这

---

[1] 高清海：《高清海哲学文存》第6卷，吉林人民出版社1997年版，第365页。
[2] 高清海：《高清海哲学文存》第6卷，吉林人民出版社1997年版，第364页。

一阶段的学习和研究对高清海的马克思主义哲学的理论和思想水平的提升大有裨益，他自己总结道："有许多问题过去处于朦胧的意识状态，现在就像捅破了窗户纸见到天日一样，思想开始透亮了。"①

在60年代初期，当时的"左"倾思想已经严重影响到高校的教学秩序和研究工作，有时课堂都难以维持，高清海也并不能全心投入哲学研究。这一阶段虽然缺乏静心研究的基本条件，高老师仍然有两篇文章发表。在1962年发表的《论唯心主义的认识论根源》中，对唯心主义进行了前提性分析，认为阶级根源和认识论根源是唯心主义产生的主要根源。无论是主观唯心主义还是客观唯心主义都可以从认识论中溯源。主观与客观的关系是形成认识的前提与过程，若是将这一关系理解为主观创造客观，即颠倒了主客观的关系，必然过分夸大认识的主观能动性，就会走向贝克莱和康德等的主观唯心主义；若是将主客观的关系绝对化，认为客观精神是先在的、独立的存在，就会走向黑格尔等的客观唯心主义。1963年发表的《坚持真理问题上的唯物主义与辩证法统一的原则》中，首先阐明了绝对真理与相对真理关系问题的基本实质，认为真理认识与客观世界存在着矛盾的统一，真理必然处于永恒的发展之中。这就在思维与存在的关系问题上把唯物主义的"统一原则"和辩证法的"发展原则"统一起来。进而，文章将矛盾辩证法作为绝对真理与相对真理具体统一的基础，认为绝对性与相对性是每一具体真理认识统一发展过程的基本矛盾的两个方面，也构成每一具体真理所具有的两个方面的矛盾属性。因

---

① 高清海：《高清海哲学文存》第6卷，吉林人民出版社1997年版，第364页。

此，坚持在真理问题上的唯物主义与辩证法统一的原则，就必须从绝对真理与相对真理的统一关系中去阐明它们的本质，决不能使它们脱离开来。这两篇文章是高清海在艰难时世中对认识论和辩证法的沉思，现在看来，高先生的这些论点，虽然带有明显的时代烙印，但是也足以代表当时国内马克思主义哲学界对认识论和辩证法的理论高度。

1966年"文化大革命"运动时，高清海的罪名再次升级，成为哲学系"反毛泽东思想学派的骨干分子、反动学术权威、反革命修正主义分子"等，并长期失去人身自由，除了接受批斗以外，大部分时间用于清扫厕所或在农场劳动，因此丧失了读书和研究的基本条件。1969年高清海全家到农村插队落户，每天同社员一起劳动，也无法读书和从事研究。1972年，他从农村回到学校，直到1977年，高清海仍要接受教育和改进，只有少量教学任务。高先生十分珍惜回校以后的时光，尽管那时教师的编制在学生的"连队"里，一年要有大半年时间下乡下厂搞所谓"开门办学"，可以自由支配的时间相当有限。但是他并没有放松学习和研究，反而如饥似渴地开始"恶补"那几年失去的光阴。翻看高清海的著述年表，从1964年至1977年有一个长达十四年的空白期。这是高清海先生一直深以为憾的，同时也是中国现代哲学的重大损失。高先生唯一庆幸的是1979年出版的《欧洲哲学史纲》，其实就是在"文革"期间编写的。在高清海的提议及坚持下，编写小组克服了"左"倾思想的影响，坚持贯彻史论结合的原则，真实展现了西方哲学思想的演进轨迹。高先生回忆说："现在看来，由于多方干扰，这本书有很多缺点，但在那时的条件下，总算做了一件有益工作，我感到很欣慰。"① 这也成为高先生在政治上得到"平反"前的唯一成果，虽然这本教材几经周折，直到1979年才正式出版。

正如开篇所言，哲学家所提出的哲学理论往往是与哲学家的生命体验和生存境遇紧密相连的，哲学家经过理性思考所领悟的人生哲学会内在地、必然地沉淀为时代哲学。因为那些回答了时代课题、体现了时代精神的哲学理论同时也是哲学家对自我境遇和个体命运的沉思。高清海先生经过了时代浪潮的冲击，他所面对的甚至比大多数人更加汹涌和冷酷，却更加清醒地认识到了这个时代的症结，坚定地相信历史的公正，从而在那段充满阴霾的岁月中坚守初心，潜心研究，以至能够在"文化大革命"之后厚积薄发，连续取得重大成果。"文革"是一场斗争，不仅是政治斗争所引起的社会生活斗争的全面爆发，而且是每一个身处其中的人与自己内心精神世界的斗争，精神和肉体的双重折磨让很多人放弃尊严或放弃生命。但从另一个角度来讲，这种斗争和折磨对哲学家来说还是有裨益的，因为它刺激哲学思考，使哲学家不会沉沦于琐碎的日常生活，而开始思索时代课题。高清海始终坚信刘丹岩教授生前所说的话，"历史终究会判明谁是谁非"，正是怀有这样坚定的信念，不幸的时代、坎坷的命运并未阻挡住高清海前进的脚步，"左"倾错误特别是"文革"十年浩劫的灾难留给高清海的并不是慨叹和抱怨，而是对教条主义，对"左"的思潮绝不妥协地进行抗争的决心。更为重要的是，经过了艰难岁月的碾压、经过了严酷时代的警示、经过了深沉思考的沉淀，高清海先生的

---

① 高清海：《高清海哲学文存》第6卷，吉林人民出版社1997年版，第366页。

许多观点理论愈加完善和成熟。他越发意识到作为马克思主义哲学核心实质的实践观点不仅对理解马克思哲学意义重大，而且作为一种思维方式，对破除主观主义、形而上学等现实存在的社会思维也是至关重要的。这也为他"实践观点的思维方式"的诞生奠定了理论基础和思想条件。

三　为辩证法正名

高清海先生对辩证法的理论研究贯穿于他的哲学研究历程的始终，或者说，高先生的绝大多数哲学理论观点的形成和阐发都是辩证法理论的显性或隐性表达。高先生曾讲道："我对辩证法理论一向'情有独钟'，早年曾经确立为自己的主要研究方向。"当然，与高先生的其他理论一样，他所理解的辩证法理论，也是一个不断否定与发展的过程。如他所说："起初我是从本体论去理解辩证法的（这个阶段很短暂），而后进到认识论的阶段（这个阶段最长，许多篇文章体现的都是这种理解），最后经过实践论才达到人学的理解。"[①] 这体现出高先生在他长达半个世纪的哲学研究中不断自我否定和自我超越的精神追求。他的学生贺来教授按照高先生这一思路将这个深化理解的过程概括为三个阶段。[②] 第一个阶段是20世纪50年代对辩证法的本体化理解，如1959年出版的《唯物辩证法的实质和核心》中，将矛盾归为唯物辩证法的根本内涵。这里，高清海依然在传统哲学教科书的框架内理解矛盾概念，将辩证法理

[①] 高清海：《高清海哲学文存》第6卷，吉林人民出版社1997年版，第4页。
[②] 贺来：《在人们心满意足的地方引起不安——高清海先生示范的哲学精神及其特殊意义》，《江海学刊》2015年第1期。

解为"整个世界"的普遍规律。第二个阶段是 80 年代初对辩证法和认识论的统一理解，如在 1982 年发表的《论辩证法就是认识论》中，完全摒弃了此前从本体论去理解辩证法的思想，而转向了从认识论的思维范式重新阐释辩证法的理论本性与思想内涵。第三个阶段是 90 年代基于实践论的人学理解。这一时期的高清海对辩证法的理解又一次出现重大转折。在他看来，由于没有将人的存在本性更深层纳入辩证法的逻辑思考，致使此前他从本体论和认识论的角度来理解辩证法陷入了逻辑困境。为了解决这一问题，高先生确立了自己的"类哲学"，以论证人的"类生命"所展现出来的辩证特性来说明对"物种"的全面超越。

应该说，高先生在上述每一个阶段对辩证法的理解清晰地勾勒出一条完整的思想轨迹，这对高清海每一阶段的哲学思考和研究而言，都充分发挥着重大的意义与价值，也使高先生获得了更多的赞誉，扩大了他的学术影响力。同时，在当时的语境中，高先生以其独特深邃的见解、富有启示性的辩证法观点和理论成果，对当代中国马克思主义哲学研究作出了切实而关键的贡献，产生了深远而广泛的影响。

此处将上述三个阶段中的第二阶段（1978—1985 年）单独阐释，有三个理由。其一，就高先生的经历而言，中共十一届三中全会以后，他政治上得到"平反"，恢复了正常的教学和研究，1978 年被提升为教授，1981 年任哲学系主任，1982 年被任命为吉林大学副校长。相对于身份的转变，高先生更在意的是思想上的自由，十几年的"沉寂"让哲学家更加深刻地理解哲学本质、研究范式和哲学功能，但受到历史条件的局限，长期不能进行深入研究和思考，更不可能将所思所想固定为成果。因此,"文革"后这一期间他的理论成果相对高产,特别是对"左"倾思想影响下的扭曲了的"学术观点"进行深刻和有效的批判。其中最重要的就是辩证法思想。他讲道:"从1978年到1983年我写了有关辩证法理论问题的论文大约有十多篇……对辩证法性质的理解,关系到对整个哲学性质的理解,其实这二者本是一回事。"① 其实,直到1985年的《对研究矛盾问题的若干想法》,高先生对辩证法的集中论述才算告一段落。

其二,1978年中国开始发生巨变,改革开放取代政治斗争,人们想要解放被计划经济长期奴役的思想桎梏急需理论上的支撑,被"四人帮"等政治势力滥用曲解的马克思主义也受到质疑。在这个思想转变的重要节点上,批判"文革"期间的"假辩证法",恢复辩证法思想的权威,就成为高清海等哲学家的责任与担当。写于1979年的《论恢复辩证法思想权威》一文,就是针对"文革"期间的所谓辩证法进行批判,"属于拨乱反正性质的论文"。他认为过去所理解的辩证法并非真正马克思主义具有科学性质的辩证法,至少还需要厘清三个关系:辩证法和形而上学的关系;主观辩证法和客观辩证法的关系;自发辩证法和自觉辩证法的关系。"左"倾思想错误地引导人们将科学的理论降低为经验的认识,以自发辩证法的命题取代辩证法的科学原理,将辩证法的正确命题绝对化,使它失去具体性的内容,变成片面性的观点,即形而上学化。在这一阶段,高先生对错误观念的深刻批判,对马克思哲学的积

---

① 高清海:《高清海哲学文存》第6卷,吉林人民出版社1997年版,第368—369页。

极辩护，对辩证法思想的恢复与重建，都为厘清高先生的思想历程乃至当代中国哲学史提供了极具研究价值的养料。

其三，为辩证法"正名"，与"哲学教科书体系改革"内在契合，从而内蕴着"实践观点的思维方式"。虽然在这一阶段，高清海只是将认识论与辩证法统一起来，并未提升到实践论的高度，但是它颠覆了以往本体论的思维方式，从认识论的思维范式去重新阐发辩证法的本质和内涵，为实践观点的思维方式的出场奠定了基础。这也侧证了这一时期与辩证法有关的成果是推进哲学理论进一步发展的开拓性成果，同时又体现出鲜明的当代哲学精神。

确切地讲，从1978年《毛主席对唯物辩证法理论的光辉发展》到1985年《对研究矛盾问题的若干想法》，高清海共撰写了15篇关于辩证法的论文。这些文章主要涉及重新理解辩证法理论的性质、对象和功能，哲学的对象、性质、内容以及马克思主义哲学在研究对象、理论性质等方面与旧哲学的区别问题。对于恩格斯关于辩证法的定义，即"辩证法……是关于自然人类社会和思维的运动和发展的普遍规律的科学"[①]。高清海认为人们并未理解这个定义的真正内涵，往往是以旧哲学纯本体论的观点去理解这一定义，也并未理解马克思主义哲学在研究对象和理论性质上的根本区别，因而也就把辩证法变成纯粹本体论的理论。从这种观点阐明的辩证法，完全丧失了作为认识工具的作用，因为没有掌握这种辩证的思维方式，辩证法在社会生活的具体应用中变成了毫无用处的"口号"或"公式"，从而陷入极端的、片面的形而上学观点。究其原因，

---

① 《马克思恩格斯选集》第3卷，人民出版社2012年版，第520页。

高清海提出必须认清的上文提到的三种关系，从而科学地理解马克思主义辩证法的真正含义。在高清海看来，辩证法是思维反映存在运动的科学理论，它也是以解决人类认识的根本问题，即以解决思维和存在的统一问题为主旨和任务的理论；辩证法的规律是人类思维和外部世界的运动的一般规律，也就是使思维与存在保持一致、达到统一的规律。随着研究的深入，高先生愈来愈明确辩证法与思维方式的关系。他对"文革"前对辩证法的理解作以反省自述："以前我思考辩证法问题，大多限于它在各种具体题上的个别理点，现在我逐渐明确了，辩证法的问题在根本上是一个思维方法的问题，思维方法问题不解决，仅仅熟记辩证法原理的若干论断，不但什么具体问题也不能得到解决，在具体分析现实问题时还必然会陷入形而上学。……原来考虑的辩证唯物主义与历史唯物主义的关系问题，只是涉及哲学对象和性质的一个方面的问题，这里还有更根本性质的问题。这就是怎样理解马克思主义哲学与全部旧哲学的根本区别的问题，也就是怎样理解马克思主义哲学在思想史上引起革命性变革的实质的问题。"[1] 当然，这里所提到的他一直在思考和探究的"马克思哲学革命的实质"终于有了答案，就是他后来所提出的"实践观点的思维方式"。

四 "真正突破"的哲学教科书体系改革

（一）哲学教科书体系的建构与改革过程

高清海先生不仅从理论上提出"实践观点的思维方式"，

---

[1] 高清海：《高清海哲学文存》第6卷，吉林人民出版社1997年版，第367页。

推动了中国学界和大众对马克思哲学本质的重新理解和多元发展，其实这一理论的提出也是将高清海一直践行的思维方式作以总结，马克思的实践观点的思维方式也正是高先生用以指导生活实践的思维方式。他对"实践观点的思维方式"的理解是一个渐进的过程，从1956年《论辩证唯物主义与历史唯物主义的关系》中对教科书的质疑，直到80年代哲学教科书体系改革，都是这一思维方式的具体实践和应用，体现出一个真正哲学家求真守正、不入俗流的学术良知和高尚品格。

中国马克思主义哲学教科书体系的建构与改革的历程就是中国马克思哲学的一段曲折的发展史。中国人对马克思哲学的认知，从翻译和介绍进行启蒙，经由苏联教科书普及，再由"传统"教科书垄断和束缚，在教科书的创新性改革中得到解放，从此开启了对马克思哲学本真认知的不断探索。高清海致力于哲学教科书体系改革，目的就是"还原马克思主义哲学的本来面目"，彻底扭转中国人对马克思主义哲学的混沌认知，从而体现出马克思主义哲学的优越性、创造性和科学性。

高清海口中的传统哲学教科书即苏联模式的中国马克思主义哲学原理教科书体系，直到1959年才开始建设。但是这一体系的建构是存在着深厚的理论根源和历史线索的，应该加以说明。第一条线索是苏联教科书的形成，改革以前的教科书体系就是以苏联教科书为模板的；第二条线索是在教科书体系建构以前，其理论酝酿和教育宣传可以分为两个阶段，其一是30年代到新中国成立前的李大钊、瞿秋白、李达等启蒙思想家对马克思主义的理解和宣传，其二是新中国成立后10年间，苏联哲学教科书的中译本广泛应用于我国高校教学。也就是说1959年以前，中国仍然没有真正意义上的独立编写并广泛使用的马克思主义哲学原理教科书。沿着这两条线索，我们可以对哲学教科书体系构建的酝酿阶段加以考察，以下按时间序列进行阐述。

我国 80 年代以前通行的哲学教科书体系，虽然是宣扬马克思主义思想的教科书，不可否认它对马克思主义传播的历史贡献，但是从其历史渊源来看，它其实并非来自马克思恩格斯的故乡，也非中国制造，而是来源于苏联。苏联的哲学思想启蒙大约比中国早 20 年。中国是在新中国成立后才开始全民学习马克思主义的热潮的，而这个过程在苏联发生于 20 世纪 20—30 年代。另外一个理由，早在 1930 年，吴理屏编译了一本苏联教科书《辩证法、唯物论与唯物史观》，被认为是中国最早的哲学教科书，同在 20 世纪 30 年代，李达的《社会学大纲》问世，标志着中国开始独立编写马克思主义哲学教科书。而早在 1917 年十月革命时期，包括列宁、斯大林在内的大批思想家便投入马克思主义研究与宣传。因此，从理论上来说，接受苏联的成熟的马克思主义理论体系，是当时中国的唯一选择。

中国人初识马克思主义是在 1919 年李大钊发表的《我的马克思主义观》。"十月革命一声炮响，给我们送来了马克思主义"，苏联革命让正处在迷茫期的中国看到了新希望，苏联革命的成功得益于将马克思主义作为无产阶级革命的指导思想，于是我国众多革命先辈将其作为新的信仰和革命理论并积极宣传。李大钊是中国共产党的创始人之一，是我国最早接受并传播马克思主义的革命先驱，他在 1919 年发表的《我的马克思主义观》中，对马克思主义理论学说进行了全面、系统的阐述。瞿秋白也是中国共产党早期的重要领导者之一，曾有苏联学习经历，1923年开始在高校任职、教学期间，积极传播马克思主义理论，他的《社会哲学概论》等著述，是马克思主义早期传播的重要渠道。另外，因为瞿秋白的影响力和留苏经历，向苏联学习马克思主义曾成为我国的主要途径。李达是我国最早传播马克思主义理论的先驱之一，在30年代发表了一系列关于马克思主义理论的著作，其中的《社会学大纲》被认为开启了我国自主编写马克思主义哲学教科书的先河，[①]深刻地影响着中国哲学教科书的内容和模式。从以上的分析我们可以看到，我国早期的革命先驱们，将马克思主义理论作为中国革命的指导思想和理论学说而积极传播。这一传播的过程也是马克思主义哲学教科书的构建过程。囿于当时复杂的社会背景、编写者的理论水平和读者的接受能力，这些著作存在明显的缺陷，尽管这样，这些著作却毫无疑问地奠定了新中国成立后马克思主义哲学教科书体系的重要基础。

这里所称的哲学教科书体系是指中国的"体系"，而非苏联的"体系"，当然，也有观点将先后形成的苏联和中国的教科书体系称为一个体系，这个观点的依据就是二者是一脉相承且内容相似的，而此处试图将二者加以区分。苏联的哲学教科书体系形成于20世纪三四十年代，以斯大林1938年发表的《辩证唯物主义与历史唯物主义》为形成标志。这篇文章被收录于《联共（布）党史简明教程》的第四章第二节，作为意识形态传播工具的教科书沦为政治的附庸，作为国家领袖的斯大林为实现政治目的开始规范马克思主义哲学的教科书体系。

[①] 也有学者认为瞿秋白的《社会哲学概论》才是中国人自己写的第一本马克思主义哲学教科书，这两本书都有空前的影响力，本书未做具体考证与辨别，暂以更多认同的《社会学大纲》作为首本教科书。

《辩证唯物主义与历史唯物主义》本是斯大林个人对于马克思主义哲学基本原理的理解，但是为了实现意识形态的规范和统一，作为当时苏联的最高领导人，他利用其政治权力，排除了其他不同理解从而使这一教科书体系成为经典与权威理解，实现了全苏联对马克思主义的基本理解的全面统一。此后，随着社会发展和时代进步，尽管苏联的哲学教科书也不断更新，但是其基本的理论框架和内容却一直沿袭了斯大林模式的哲学教科书体系。在斯大林时期，哲学沦为政治的附属工具，哲学教科书的一个重要功能就是为执政党的现行政策作理论辩护。苏联教科书中基于马克思主义哲学文本的每一条理论背后都有其政治目的和思想导向。虽然这一做法与马克思创立理论指导革命实践的初衷或有相似，但将哲学置于政治权威之下，这对于哲学本身而言无疑是场悲剧，而苏联的这一"悲剧"竟然很快又在中国历史上得到复制和演绎。

新中国成立伊始，考虑到当时的国内和国际形势，我国实行"一边倒"外交政策，两国的政治互信和良好的外交关系带来的便是国防、政治、经济、文化等方面的全面合作与相互支持，确切地说，作为世界两极中的一极，苏联以其雄厚的实力在新中国成立后对我国进行了多领域的单向支持和援建。这场援建声势浩大、规模空前、形式多元，在哲学理论领域的表现主要是大批的苏联哲学教授、苏联哲学教科书广泛进入我国高校，为我国马克思主义哲学的普及和传播起到了积极的促进作用，然而这无疑将苏联的主流意识形态输入我国，深刻地影响了我国马克思哲学教科书的构建。马克思主义是所有社会主义国家的指导思想和理论学说，但是百废待兴的新中国并不具备全面精准地把握和宣传马克思思想的条件，而苏联的马克思哲学研究已是成熟的理论体系，其教科书体系对马克思哲学的介绍相对完整和准确，表述简单明了，易于读者接受和理解，有力地促进了当时马克思主义的宣传教育工作。50年代末，中苏关系破裂，苏联撤走大批援建专家，中国由此开始大规模自主编写哲学教科书。我国构建哲学教科书体系的第一个标志性成果便是艾思奇于1961年编写的《辩证唯物主义 历史唯物主义》。但是由于苏联教科书对马克思主义的理解已经在中国根深蒂固，虽然这本书试图呈现中国特色，实现马克思主义中国化的理论突破，但仍然承袭了苏联模式的基本理解和理论框架，这本书的篇章结构主体沿袭了苏联教科书《马克思主义哲学原理》（1958年，康斯坦丁诺夫主编）。但是我们对这本书的历史意义是持肯定态度的，由于教育部的重视和组织，众多权威学者攻坚克难、艰辛付出，终于打造出中国人自己的哲学教科书，终结了苏联哲学教科书的垄断历史，具有相当广泛深远的影响，由此正式开启了规模庞大的哲学教科书构建之路。对于传统教科书体系的历史作用，高清海是这样总结的："这个体系也有它的优长之处。它以鲜明的形式突出地表现了与唯心主义和形而上学相对立的唯物主义和辩证法的基本观点，集中地阐明了与唯心史观相对立的历史唯物主义的基本内容和观点，便于人们对经典著作的内容形成一个明确的概念。正是由于它所具有的这一特点，才使它能够存在几十年并发生广泛而深远的影响。"[①]

在1958年以后，我国的社会主义建设遭受了严重的挫折。关于"大跃进"运动、"人民公社化运动"和"文化大革命"

[①] 高清海：《高清海哲学文存》第6卷，吉林人民出版社1997年版，第278页。

等历史错误的原因分析，除了领导人决策失误、缺乏实践经验和"四人帮"等人的利用驱使之外，苏联教科书的意识形态影响也理应列为其中一项重要因素。如对矛盾斗争的绝对化理解、对共产主义两个发展阶段的教条理解等，客观上成为这些错误运动的理论依据，完全违背了马克思主义哲学的本质精神。1976年"文化大革命"结束以后，逐渐解放思想的人们开始思考社会主义建设的新途径、新思路，即如何突破教条主义和经验主义的思想束缚，进行切实的观念和社会变革。

1978年针对"两个凡是"的错误思想，我国开始了真理标准问题大讨论，这次空前绝后的全民大讨论的一个重要的历史意义就是冲破了人们长期以来形成的教条主义和个人崇拜的思想禁锢，为党的思想路线的重新确立扫清了思想障碍。十一届三中全会以后，党和国家及时将工作重心从"以阶级斗争为纲"转移到经济建设上来，重新确立了"解放思想、实事求是"的思想路线。改革开放使中国社会发生了巨变，而当时的哲学教科书并没有及时更新以适应我国的社会发展，哲学教科书体系改革势在必行。

为了适应新的理论发展的需要，20世纪八九十年代，教育部积极组织出版了多部马克思主义哲学原理教科书，其中最具代表性的成果就是高清海主编的《马克思主义哲学基础》（上、下册），由人民出版社分别于1985年10月和1987年6月出版。高清海先生在1980年受教育部委托开始组织编写哲学教科书，前后历时八年，直到1985年才出版了教科书上册，1987年出版了教科书下册。从时间上来看，这一教科书的编写时限远远超出了一般教科书，编写进展缓慢的原因绝非主观消极懈怠或理论水平不够，正相反，高先生的编写团队本着精益求精、开拓创新的精神克服了重重困难、付出了艰辛的努力，单是教科书的大纲就讨论、修改了一年多才得以确认，撰写过程更是字斟句酌、几经推敲才最终定稿。这一具有开创性的成果一经出版，在社会上便引起了强烈的反响，它对马克思主义哲学本质的理解让读者耳目一新。该书建构了一个主客体相统一的理论框架，由此开启了哲学教科书体系的改革，真正突破了苏联模式教科书的传统思维方式。同时，它不但迎合了解放思想的时代要求，也是解放思想的积极成果，解决了教条主义造成的理论与实践的严重脱节，从思维方式上进行的根本变革极大地促进了我国改革开放事业和社会主义现代化建设事业的迈进。

（二）传统马克思哲学教科书体系的弊端

所谓"传统教科书"是指以苏联哲学教科书为蓝本、以本体论为思维方式、以"两个主义四大块"为主要逻辑结构的马克思主义哲学教科书体系。其中的代表和权威是艾思奇主编的《辩证唯物主义 历史唯物主义》。而苏联学者们编制这样的逻辑结构，是因为马克思和恩格斯并没有明确制定，这一结构建立的文本依据是斯大林的《论辩证唯物主义和历史唯物主义》、恩格斯的《反杜林论》和列宁的《唯物主义与经验批判主义》。"两个主义四大块"中的"两大主义"即辩证唯物主义和历史唯物主义，"四大块"即唯物主义理论、辩证法学说、认识论理论和唯物主义历史观。20世纪50年代中期，这种将辩证唯物主义和历史唯物主义并列的逻辑关系就受到了高清海和刘丹岩先生的批判。在经过"左"倾思潮和政治斗争之后，高先生更是深切体悟到苏联模式的中国哲学教科书体系中的体系构架和许多理论观点与马克思所倡导的精神和实质并不相符。而这一体系又是我们学习和了解马克思主义哲学的主要途径。所以，出于对马克思主义哲学的追本溯源的目的和求真守正的哲学精神，高先生运用史论结合的研究方法，对这一哲学教科书体系的弊端进行了深刻的剖析。

那么，高清海对哲学教科书存在的问题是怎样分析的呢？他在1986年《关于哲学体系和内容改革问题的认识》中给出了答案。文章中，他详细地展示和总结了他对这个问题的思考历程和研究理路。他首先指出现行教科书并没有真正地和完全地表达和反映出马克思主义哲学固有的精神和实质，从而反驳了马克思主义哲学的"过时论"。然后分析了造成这一现象的影响因素有三点。第一是"左"的思潮的影响。表现为哲学和政治一体化、真理和权力相结合，其后果有两个方面：迫使哲学必须服从政治的需要，真理必须服从权力的意志；哲学的神圣化和神秘化。第二是简单化、庸俗化倾向的影响。表现为将马克思主义哲学的观点和概念降低到经验性、常识性的理论水平。其结果是把哲学变成了本能认识活动，而完全失去了学习哲学的必要和意义。第三是本体论化、实证化倾向的影响。表现为哲学理论的实证化，即变为列宁批评普列汉诺夫的那种"实例的总和"的理论。

高先生对以上这三条影响因素进行了总结：第一条意味着马克思主义哲学被政治权力裹挟而丧失了自由本性；第二条意味着哲学为了迎合受众而降低标准，企图用本能意识替代哲学意识；第三条意味着主体意识的缺失，哲学成为抽象原则，这背离了马克思主义哲学精神。

基于以上对影响因素的分析，高先生明确指出了哲学教科书存在的问题有四点："（1）现有教科书未能充分体现出马克思主义哲学是哲学发展史中一次具有革命性深刻变革的内容，也就是未能正确地和明确地表现出马克思主义哲学与一切旧哲学在根本性质上的区别。……（2）现有的教科书也没有充分体现出马克思主义哲学是人类历史发展和科学认识发展的合乎逻辑的必然产物，没有充分体现出马克思主义哲学吸收了人类创造的全部思想精华因而是一种内容最为丰富、最富有论证性和说服力的理论的性质、观点。……（3）现有教科书的内容也不能充分体现马克思主义哲学是现时代精神的精华的特点。……（4）现有教科书所阐述的马克思主义哲学原理没有充分体现哲学作为伟大的认识工具、创造性思维方法的性质和意义。"①

由此可见，高先生已经对哲学教科书的问题有着清晰的认识，并深刻地进行了批判。接下来高先生对其进行了更深层次的剖析，认为这些教科书最关键的问题在于没有理解和坚持列宁的辩证法、认识论和逻辑三者统一的原则。而这一原则的基本实质和主要内容就是思维和存在、主观与客观的统一性观点。主客观矛盾统一于人的实践活动，实践要达到主客观统一，又须借助于意识的能动性。这就是认识和实践的关系。高清海就是在这样的研究思路下构建了《马克思主义哲学基础》的三组矛盾六个基本范畴的结构体系。

今天看来，高先生对教科书存在问题的分析依然是深刻而有效的，他采用递进的层次将教科书的弊端进行了一目了然却

---

① 高清海：《高清海哲学文存》第 1 卷，吉林人民出版社 1997 年版，第 299—305 页。

极为透彻的说明,指明了哲学教科书改革的势在必行,坚定了改革的信念与决心。

总结高先生在教科书改革前后的众多著作或论文中的主要观点,以及后来学者大量对这一问题的发展或衍生观点,改革传统哲学教科书体系存在的主要问题表现在如下相互关联的三个方面。

1. 教科书的"本体论化"倾向

顾名思义,"本体论"是研究本体的学说,它是探究世界的本原或存在的本质的哲学范畴。本体论哲学最早可以追溯到古希腊哲学,从广义上讲,马克思主义哲学产生以前的西方哲学都可以称作本体论哲学。但是这并不能说明马克思主义哲学和西方哲学能以"拒斥形而上学"为名与本体论划清界限,情况恰恰相反,从古至今,从一定意义上来讲,包括马克思主义哲学在内,本体论是任何哲学都无法回避的哲学前提和基本立场,只是存在着对本体的具体内容解释的差异。如果将前马克思哲学统称为旧唯物主义本体论,可以划分为古代朴素辩证的唯物论和近代形而上学的唯物论。尽管他们所理解的本体已经随时代变迁发生了变化,其逻辑思维、运思方式存在较大差异,但是本体论的基本特征和内涵还是延续了下来。从古代哲学对世界本原的探究到近代哲学对存在本质的阐释,都是哲学通过对本体的追求而摆脱了具体经验和具体科学的局限,从而上升到哲学研究的抽象逻辑框架中。而传统哲学教科书体系并没有运用马克思的实践观点思维方式来摆脱这种本体论思维方式的束缚,正是这样的局限,造成了我国教科书体系与中国社会现实的严重脱节。

而这里所说的"本体论化"是指哲学教科书所显现出的传统西方哲学的本体论原则和观点的倾向，其逻辑结构和形式内容、研究对象和研究方法都体现出本体论性质和特点。但是这里的"本体论"与传统意义上的本体论还是存在差别的。高清海先生说："目前的教科书，基本上贯彻的是本体论观点，按照哲学是本体论这一原则建构成的。当然，在20世纪完全恢复已为哲学自身的发展所否定的17、18世纪的那种本体论，已无可能。贯彻于教科书中的本体论并不完全等同于近代哲学中的本体论，但在缺少主体性意识只强调研究存在的本性和规律这点上，它们是一致的。所以我这里把它称作本体论化的倾向。"①

本体论化倾向的一个主要表现就是哲学理论的实证化，"把它变成了正如列宁批评普列汉诺夫的那种'实例的总和'的理论"②。高先生对实证化是这样描述的：现在的哲学教科书在论述哲学问题的时候都有一个固定的模式，这就是先提出一个具有普遍性的论断，然后不论天上地下地从其他学科中找出各种具体实例来论证这一普遍性论断的正确性。哲学教科书的更新也只是具体实例的更新，而基本原理却是一直不变的。按照恩格斯的观点，哲学应主要从人与自然、主观与客观的关系中去寻求思维与存在的关系。而本体论倾向的经验化、实证化、教条化的理解终究无法逃脱传统哲学的思维框架，无法看到马克思主义哲学与以往哲学的本质差异，而将马克思主义哲学同旧哲学混为一谈。

---

① 高清海：《高清海哲学文存》第3卷，吉林人民出版社1997年版，第41页。
② 高清海：《高清海哲学文存》第1卷，吉林人民出版社1997年版，第297页。

本体论化的另一个表现是简单化、庸俗化倾向。哲学自诞生之日起，就代表着最高形式的人类认识和社会意识，肩负着追求真理的任务，为其他知识部门和社会实践提供思想指导，这是哲学与经验科学的本质区别。而马克思主义哲学是科学的思维方式和认识方法，放弃了本质、本原的本体论追求，哲学才能在当代真正担负起追求真理和指导社会实践的时代使命。从新中国成立开始，我国掀起了学习马克思主义哲学的高潮，哲学教科书的意义就在于提高学习者的理论水平和思想深度，但是教科书只顾及学习者的理解能力和认知水平，而错误地降低了教科书的理论高度，将马克思主义哲学的抽象的理论观点还原为具体的常识观念，这样必然导致哲学的简单化、庸俗化，最终又复归到本体论的视域。

另外，本体论化的一个必然结果就是忽略了人的主体地位，使哲学丧失了主体性意识，变成了由抽象方式和原则组成的单纯追求客观知识的理论体系。传统哲学教科书因强调"唯物"、强调"规律"而将人和实践放在了角落，实际上否定了一切能动的主体性，从而否定了"人"在马克思主义哲学中的主体地位。

2. 背离了"逻辑、辩证法、认识论三者统一"的原则

那么，教科书体系本体论化的原因究竟是什么呢？高清海明确提出："教科书体系之所以出现纯本体论的倾向，是因为没有贯彻列宁所讲的辩证法、逻辑学和认识论是同一个东西的原则，为了打破纯本体论的体系，就必须坚持这一原则。我们用了一个词，叫作世界观、认识论、方法论三者统一，我们的用词与列宁所讲的在本质上是一致的，差别仅仅在于角度不

同，前者是就理论的性质和作用而言的，后者是指理论的内容和形式来说的。"①

这里所说的"逻辑、辩证法、认识论三者的统一"是由黑格尔哲学首先实现的，经马克思辩证的扬弃成为马克思哲学的基本原则，后由列宁反复强调并从多个视角加以诠释，最终成为马克思主义哲学的基本精神和实质。虽然黑格尔的"三者统一"的原则被马克思继承下来，但是二者的理论基础却存在本质上的不同。黑格尔将绝对精神作为三者统一的基础，而马克思是以实践实现的统一。马克思的实践观点是实现了三者统一的最高理论形态。但是，斯大林时期的苏联教科书并没有贯彻三者统一的原则，而是倒退为以本体论作为基本原则进行理解和编写。新中国成立后我国一直沿用苏联教科书，1959年开始构建教科书体系时仍然以苏联教科书为蓝本，自然也摒弃了马克思哲学所固有的本体论、认识论、逻辑三者统一的原则。

由于哲学教科书没有遵循马克思哲学的这一基本原则，因此在教科书的体系框架中，唯物论、认识论、辩证法（本体论、认识论、逻辑）并没有形成内在的统一，而是散落在不同的章节。传统哲学教科书"两个主义四大块"的结构不但混淆了辩证唯物主义和历史唯物主义的辩证关系，而且将唯物论、认识论、辩证法和唯物史观互相分立，完全背离了马克思哲学的本真思想。在列宁看来，逻辑、认识论和辩证法是同一个东西，这是马克思主义哲学在对象、性质、内容、功能上的根本特点。"四大块"恰好与这一原则相悖，它体现的是本体

---

① 高清海：《高清海哲学文存》第 1 卷，吉林人民出版社 1997 年版，第 274 页。

论化的原则，在形式和内容上割裂了三者的统一。而这种分离直接遮蔽了作为三者统一基础的实践观点，从而再次曲解了马克思主义哲学的本质。

传统教科书体系对马克思哲学的"三统一"原则的分离，直接导致了人们对马克思主义哲学本质的曲解，影响了人们对中国马克思主义的深入理解。唯物论、认识论、辩证法分章而论的结果就是孤立地、片面地理解其中一个理论观点，比如对唯物论和辩证法的理解，抛开辩证法单纯理解唯物论是将马克思哲学退回到费尔巴哈的水平，抛开唯物论单纯理解辩证法是将马克思哲学倒退到黑格尔的水平。列宁准确地把握到了马克思主义哲学的精髓，在理解和宣传马克思哲学时反复强调逻辑、辩证法、认识论（唯物论、认识论、辩证法）三者统一，从中也可以理解到唯物论和辩证法的统一关系是绝不可以人为割裂的。而马克思原理教科书在体系内容上恰恰就暴露出这样的缺陷，这实际上是违背了马克思哲学精神实质。

唯物论、认识论、辩证法三者统一的根本实质，就是在哲学思维和内容上彻底地解决了思维与存在、主观与客观的关系问题。而传统教科书体系也承认思维与存在的关系问题是哲学中的最高问题、基本问题，但是并没有自始至终在哲学内容中贯彻这一点。而高清海先生所建立的教科书体系，就是仅仅抓住这一根本性质，建立的主客体相统一，以实践为基础的全新体系。

3. 未能实现实践观点的核心地位

实践观点作为马克思哲学革命的实质，是马克思主义哲学用来解决一切矛盾和问题的根本原则和基本逻辑，在马克思哲学体系中处于核心地位。对于上述的本体论化倾向和三者统一的缺陷，都可以在实践的基础上得到解决。但是传统哲学教科书对实践观点的理解和应用却远远没有实现实践观点的这一基础性地位。实践观点在教科书体系中的遮蔽体现在两个方面：一方面，实践观点作为思维与存在、主观和客观统一的基础，在传统教科书的体系构架中被人为地孤立与分离，这不符合马克思主义哲学的基本精神和实质；另一方面，作为马克思主义哲学思想传播的主要途径，教科书体系却没有遵循实践原则，而远离社会生活实践，服务于政治权威。

具体来说，首先，马克思在批判和研究黑格尔、费尔巴哈的基础上，提出了科学的实践观念。黑格尔完全在抽象的绝对概念运动的范围内论述实践，而马克思认为实践的主体并非纯粹的概念逻辑和绝对精神，而是"生活世界"中的"现实的个人"。费尔巴哈仅仅将实践理解为人的感性活动，没有进一步从"革命的批判的活动"的意义上进行理解，而马克思认为实践活动是社会生活的基础，以实践观点出发来理解人的本质，提出人的本质是一切社会关系的总和。马克思以实践为出发点全面揭示了"实践观点"背后的思维方式和价值取向生存论基础以及超越性意义。实践是解决思维和存在、主观和客观的关系问题的基础和原则，在马克思那里，实践具有中介的意味，这些矛盾范畴在实践基础上造成了分化，也在实践基础上实现统一。正如高清海所说的："马克思主义哲学的主要贡献就在于，把解决哲学基本问题和一切哲学问题都放在实践活动中来理解。提出了实践，也就找到了把以往各种观点从内在关系上统一起来并克服它们的片面性的现实基础，这才使哲学达到了科学的高度，得出了一个能够全面认识思维和存在关系的理论思维的观点方法。"① 高清海将马克思的实践观点归为马克思哲学革命的实质,这是高清海对马克思哲学研究的巨大理论贡献,是理解马克思哲学的关键问题,也是编写马克思主义哲学教科书的基本原则。

实际上,传统教科书也并非完全忽略了实践的概念,关于实践的部分被置于认识论的章节,"两个主义四大块"的结构安排将实践与其他部分彻底割裂开来,而逻辑、认识论、辩证法(世界观、认识论、方法论)三者的分离也直接将实践孤立起来,而丧失了其统一的功能和作用。这样编排的结果必然无法体现出实践观点在马克思哲学中的核心地位。针对这种错误的理解和安排,高清海先生进行了深刻的批判,他通过对西方哲学史和马克思主义哲学的系统研究,认为实践观点存在着历史必然性,同时又指出实践观点在马克思主义哲学体系当中的基础作用和核心地位,提出必须将实践观点作为构建哲学教科书体系的思维逻辑和中心环节,同时也是教科书改革的工作重心。

实践观点在教科书体系中的遮蔽还体现在,一向崇尚自由和批判精神的哲学服从于政治权威,从而远离了社会实践。无论是苏联的斯大林时期还是我国"左"倾思潮的特殊时期,哲学作为意识形态的传播主体,与经济、文化和社会生活其他领域一样,全都沦为政治权威的仆从。此时盛行的个人崇拜与政治意志是完全一致的,以斯大林为代表的国家领袖将其对马克思主义哲学的个人理解作为权威解读和经典理解纳入哲学教科书,并将其作为正统的、真理的教科书广泛使用和传播。

---

① 高清海:《高清海哲学文存》第 1 卷,吉林人民出版社 1997 年版,第 276 页。

由于掺杂了政治因素，哲学变得不纯粹了，并且远离了社会现实。马克思、恩格斯、列宁的经典论述被曲解、误解，甚至出于政治目的被断章取义，成为权力阶层利用的手段和工具。因此，在特殊的历史时期，这一哲学教科书体系作为符合政治意识的产物，一定程度上受到政治上的维护。也就是说极少有人敢于挑战权威，这个权威既包括了学术权威，也涵盖了其身后的政治庇护，即便有人勇于质疑教科书的内容，教科书的改革也很难推进。这种状况的结果便是，时代不断变迁与发展，教科书也只能在形式上或案例上作以调整，基本框架和原理并未改动，教科书成为越来越僵化的、教条的马克思主义哲学。

（三）《马克思主义哲学基础》的主要内容

从上述分析可以看出，高清海在正式编写教科书大纲前就已经确定了理论依据，即编写需要遵循的原则。他将众多原则简化为"三个关键"："第一个关键是抓住世界观、认识论、方法论三者统一的原则；第二个关键是抓住思维和存在统一的原则，并将其贯彻始终；第三个关键是抓住实践的原则。"① 依据这三个原则，《马克思主义哲学基础》形成了以主客体关系为核心的三对基本矛盾、六个基本范畴的基本框架。具体来讲，它们分别是："①思维和存在或主观和客观（包括关系、矛盾、统一）；②认识和实践（包括关系、矛盾、统一）；③主体和客体（包括关系、矛盾、统一），这些范畴之间的关系就构成了新哲学体系的基本框架。"②

---

① 高清海：《高清海哲学文存》第1卷，吉林人民出版社1997年版，第274页。
② 高清海：《高清海哲学文存》第1卷，吉林人民出版社1997年版，第287页。

高清海组织编写的《马克思主义哲学基础》(上、下册),按照这一框架全书共分四篇(计十二章),除绪论之外,第一篇矛盾篇,论述认识的基本矛盾,即主观与客观,思维与存在的矛盾及其历史演变;第二篇客体篇,论述客体的本质和规律,即人类认识及把握客体所达到的成果、运用的方法、体现的规律;第三篇主体篇,论述主体(人)的本质,主体的形成、特点、地位和意义;第四篇统一篇,论述主体与客体是如何通过认识与实践的统一、主观与客观的统一而实现统一的。全部内容主要通过范畴来说明,范畴中体现了不同哲学观点的对立和斗争,马克思主义的辩证唯物论和历史唯物论观点就表现在范畴的内容中。

绪论部分的标题是"马克思主义哲学是科学的世界观认识论方法论的统一",也是绪论所要表达和概括的本书主旨和基本精神。绪论分为四个部分。首先,介绍哲学的性质和对象。哲学作为最高级别的社会意识形式,具有双重性质,它既是作为上层建筑的社会意识形态,又是反映现象运动规律的理论思维形式。哲学的双重特征决定了哲学成为"时代精神的精华",且成为具有党性和阶级性的理论。哲学理论也在解释哲学自身,哲学是发展变化的哲学,历史变迁、社会更迭、时代变革无不要求哲学的理论形式、思维逻辑、研究对象随之不断改变。哲学对象呈现规律性的深刻变革,正反映出哲学是"关于外部世界和人类思维的运动的一般规律的科学"[1],也说明了哲学的世界观、认识论、方法论统一的原则。其次,解析了哲学基本问题与哲学派别划分。哲学基本问题即思维与存在的

---

[1] 《马克思恩格斯选集》第3卷,人民出版社2012年版,第520页。

关系问题，也是主观与客观的矛盾关系问题，然后又从哲学史视角梳理了哲学基本派别和基本哲学形态。再次，阐述了马克思主义哲学的产生是伟大的哲学革命。马克思主义哲学将实践内在地统一于全部理论当中，扬弃了旧唯物主义和唯心主义，成为哲学理论发展的最高成果。最后，学习马克思主义哲学可以掌握认识世界和改造世界的方法。马克思主义哲学的伟大功绩并不在于给人们提供了什么具体结论，而主要是在于它给人们提供了认识世界和改造世界的科学方法。

第一篇是"意识与存在的关系——认识的基本矛盾"。这部分包含两个章节，第一章是"人类认识的基本矛盾及其历史发展"，第二章是"马克思主义哲学对存在与意识关系的科学解决"。哲学存在着三对基本矛盾（或关系），即主体与客体的矛盾，实践和认识的矛盾，意识和存在的矛盾。其中意识和存在的矛盾就是主观和客观的矛盾，这是认识的基本矛盾。这一矛盾是认识对实践能够起到指导作用的前提条件。达到主体和客体的统一是人类一切活动的根本目的，而通过认识解决主观与客观的矛盾是实现主体和客体统一的关键。人类认识的发展史就是主客体相互作用的过程，也就是主体以观念和思维对客体进行改造的过程，而主观和客观（思维和存在）的矛盾是贯穿于人类认识史即人类认识一切活动中的根本矛盾。根据人类对这一根本矛盾的认识程度，可以将认识史分为三个阶段：直观认识阶段、反省认识阶段和自觉认识阶段。这三个阶段既存在着历史的必然又存在着逻辑的必然。马克思主义哲学一以贯之的实践内涵，实现了思维与存在的对立统一，变革了传统哲学的思考范式，科学地解决思维与存在的辩证关系问题。马克思以实践为基础实现的思维与存在的统一，不仅克服了主观唯心主义对哲学基本问题的"颠倒",否定了不可知论,同时也否定了黑格尔客观唯心主义的"思维的能动性"观点。另外,马克思主义哲学利用社会存在决定社会意识的理论也克服了旧唯物主义的局限性,一方面吸收了旧唯物主义的物质第一性思想,另一方面汲取了唯心主义的辩证法思想,因此成为完备彻底的科学理论。

第二篇是"客体——世界的统一性和多样性"。这部分涵盖了第三章至第五章的内容,章名分别为"客体的规定性""客体的规律性""世界统一于运动着的物质"。客体与主体是相对应的一对范畴,客体是由主体规定的,作为主体的对象的客体,才可以称为客体,主体在实践过程中与客体产生关联,主体也可以把自身作为客体,作为对象。对客体的研究可以从多重客体的矛盾范畴来把握,具体来讲,就是质变和量变、普遍性和特殊性、同一性和斗争性、本质和现象等哲学范畴。存在的事物总是处于变化过程中的,将事物放到发生、发展和灭亡中去看,就形成了过程的观念。而作为客体的重要范畴,存在和非存在的矛盾是以过程方式出现的事物所固有的矛盾,存在与非存在具有同一性。同样,对过程的研究也需要通过研究矛盾范畴来把握,具体包括了运动和静止、偶然性与必然性、原因和结果、可能性和现实等哲学范畴。对关系范畴可以理解为,一切存在的事物都与其他事物相互关联,并非脱离世界而独立存在。它关涉的矛盾范畴包含系统和要素、个别和一般、结构和层次等。人类认识经历了漫长的历史过程,从客体规定性深入客体规律性,这主要体现在当代哲学普遍认同的三大基本规律,即对立统一规律、量变质变规律和否定之否定规律。这三条规律从不同方面揭示出了关于客体、过程和关系的普遍实质和内在本质联系。虽然客体的规定性和规律性呈现出多样性和差别性，但都根本统一于物质性。对于物质范畴，恩格斯认为物质本身是纯粹的思维创造物和抽象，列宁物质观的核心在于客观实在。马克思主义物质观是辩证唯物主义与唯心主义分界的一个重要标志，也是对机械论物质观的局限性的克服。从"客体"范畴过渡到"物质"范畴之后，我们要了解运动是物质的根本属性，空间和时间是物质的存在形式。无论主观世界抑或客观世界，世界的多元性统一于世界的物质性。

第三篇是"主体——人作为主体的规定性及其主体能力的根据和发展"。这部分包含第六章至第八章，分别是"人作为主体的基本规定性"、"主体能力的自然基础"和"主体的社会规定性"。主体就是人，主体和客体的关系构成了"属人的世界"的基本内容。"自我创造性、自己主宰自己、自己做自己的主人"就是主体的根本性质。人作为主体具有三个一般规定性，即自主性、主观性和自为性，这是主体与客体的根本区别。人对自身主体性的认识也经历了一个历史的发展过程，马克思在生产劳动这一最基本社会实践的基础上，在人类思想史上第一次提出了人的本质"在其现实性上是一切社会关系的总和"[1] 这一关于人的本质的科学命题，这在观点和方法上都与旧哲学根本不同。由于人具有主体能力，才实现了客体与主体发生分化、人与动物区别开来。"主体能力就是人所具有的实现和确证自身主体性的本质力量，从事具有创造性的对象性活动的潜在能力。"[2] 随着科学技术的进步，人的这种创造性

---

[1] 《马克思恩格斯文集》第1卷，人民出版社2009年版，第501页。
[2] 高清海主编：《马克思主义哲学基础》（下册），北京师范大学出版社2012年版，第76页。

主体能力会有所提升，因为大数据、人工智能、物联网和区块链等科技进步的直接目的和结果就是为人的继续创造提供工具上的条件更新。社会是主体的存在形式，人只有在社会关系中才能成为现实的主体。主体形态就是主体的具体存在形式或状态，分为主体的历史形态和社会形态。马克思科学地揭示了社会历史的规律，创立了唯物主义历史观。主体的意识能力以及意识形式，始终受着社会的制约，同时主体内在的超越性又决定了人能不断冲破社会历史条件的制约。但是主体也有其自身的发展规律，在每一个历史阶段的主体有其独特的运动发展规律，在这一运动规律中人的主体能力得到提高。

第四篇是"主体与客体的统一——在实践基础上真善美的统一与自由的实现"。这部分包含了第九章至第十二章的内容。分别是"主客体统一的规定性"、"实践"、"认识"和"自由"。作为《马克思主义哲学基础》的末篇，该部分从主客体的对立统一关系开始，揭示了主体与客体的矛盾运动规律。从第二篇和第三篇的内容可以知道，主体需要改造客体来实现目的，二者是改造与被改造、反映与被反映的关系，从这个角度来说，主体与客体是对立的。同时，主客体又是统一的，马克思科学地发现了主体与客体统一的现实基础，即实践是实现主客体自觉统一的现实基础。人们通过实践活动和认识活动来完成这一统一的过程。实践的本质，就是解决主观与客观、思维与存在的基本矛盾的过程，也就是由对立走向统一的辩证过程。实践过程包括三个基本要素，即实践的目的、手段和结果，这三个要素构成了实践活动的主要环节。理性在实践中也起着关键作用。实践的社会结构既是实践的结果，又是实践活动的前提，即社会关系范畴。实践也是运动发展的，其具有特殊的机能：对过去的继承性机能、对未来的选择性机能和对现在的自我革新机能。关于认识，马克思主义哲学在人类认识发展史上第一次自觉立足于实践去理解认识，从而科学地揭示认识的本质和认识的规律，彻底克服旧哲学的直观反映论和观念要素组合论的片面性。认识的发展过程具有规律性，这种规律性可以总结为三个圆圈。认识发展的三个圆圈是整个认识圆圈运动的三个方面。感性—理性—实践是认识发展的基本程序，实践—认识—实践是认识发展基本程序的总体的运动过程，抽象真理—相对真理和绝对真理—具体真理是认识整体的圆圈式运动。主客体在实践活动中对立统一，其终极目的和最高理想就是人类的自由和解放，即实现主体自由，这一自由只有在马克思所说的共产主义社会才能彻底实现。

以上简述了《马克思主义哲学基础》（上、下册）的全部内容。全书四篇十二章按照"认识的基本矛盾—客体—主体—主客体的统一"的逻辑结构展开论述。这一全新框架结构颠覆了传统教科书的教条理解，以认识论为基础重新理解马克思哲学，既是马克思主义哲学教科书改革的重大突破，也是哲学理论研究的重大进步和伟大变革。

在内容上，《马克思主义哲学基础》将实践置于核心地位，重点论述了基于实践的主体性和自由学说，而这些正是传统哲学教科书缺失的，也是新哲学教科书应该弥补的。这就是二者在形式和内容上的区别。需要指出的是，对于高清海而言，《马克思主义哲学基础》的出版，只是手段、方式，而绝非目的。变革马克思主义哲学原理教科书的真正目的，是瓦解束缚哲学思想创造的教条主义，恢复马克思主义哲学的精神实质。

五 "实践观点的思维方式"的正式提出

那么,高清海为什么要提出"实践观点的思维方式"呢?他又是怎样提出"实践观点的思维方式"的呢?回顾高清海所处的时代背景,我们试图厘清高先生思索这一关键问题的逻辑理路,分析"实践观点的思维方式"的直接原因,重现高先生对马克思主义哲学的革命性创新理解。

20世纪80年代末,高清海在他的著作《哲学与主体自我意识》一书中正式提出了"实践观点的思维方式"这一思想,并在中国学界的实践唯物主义大讨论中不断丰富和完善,直至成为一个成熟的理论观念。这是高清海基于对哲学教科书改革的总结、反思,对市场经济体制改革的需求进行思考的重要理论成果。这些也可以看作促成"实践观点的思维方式"产生的直接原因。

(一)哲学教科书体系改革的总结与反思

高清海哲学教科书体系改革的核心环节和重要成果是《马克思主义哲学基础》(上、下册),该书的编写始于1980年接受教育部任务,终于1987年该书下册的问世,标志着教科书改革终于告一段落。但始于50年代对教科书的质疑至该书的出版,高先生已有30多年的深沉思索,接下来高先生便需要对这一段历史性的改革工作作以更深层次的总结和反思。于是,1988年他又迅速写就《哲学与主体自我意识》一书,在书中提出了"实践观点的思维方式"这个概念,也是书中的核心观点。学界在回顾全国范围的教科书改革时,将改革成果划分为教科书和教科书研究著述两类,其中,《马克思主义哲学基础》开启了教科书的改革之路,而《哲学与主体自我意识》就是对改革本身进行研究的代表作品。

《哲学与主体自我意识》是对哲学教科书改革工作的全面总结与反思。他曾在《文存》前言里表明:"在这部书(《哲学与主体自我意识》)里,不能说我把各种问题都讲清楚了,就我往年积累形成的关于哲学,哲学的历史发展和对马克思哲学思想达到的理解,自信作了比较系统、充分的总结和阐发,就这点言,至少可以认为它使我在 80 年代及其以前的工作有了个结尾。"① 基于这样的结论,我们可以认为,作为这本书的核心观点,"实践观点的思维方式"是现实教科书改革工作的自觉理论表达,是高清海对其以往哲学思想的系统科学总结。

《马克思主义哲学基础》重新确立了马克思主义哲学的世界观、认识论和方法论(列宁的辩证法、认识论、逻辑)相统一的原则,并由此开启了基于实践的主客体统一的教科书编写的体系构架。在该书《序》中,高先生强调,这个逻辑结构是他自 20 世纪 50 年代至 80 年代始终如一地探索的结果。但这一逻辑结构只是手段,并非目的。这一体系的意义所在,不仅在于对旧有体系的破除和解构,还在于对马克思主义哲学的精神和实质有了更深刻的理解,后者才是高清海真正追求的目标。他说:"我们期望于它的,主要不在于所确立的体系结构本身,而在于通过它突破多年不变的旧有框框,推动人们对马克思主义哲学的理论实质作进一步的思考,以便能够从更加

---

① 高清海:《高清海哲学文存》第 3 卷,吉林人民出版社 1997 年版,第 3 页。

开放和广博的视野去重新看待和理解哲学问题。"① 实际上，这一逻辑结构，表达的就是高先生所理解的实践观点的思维方式。

马克思在实践的基础上实现了对辩证法、认识论、逻辑的统一，这是马克思主义哲学的精神实质。而传统教科书将唯物论、辩证法、认识论分章讨论，显然背离了这一精神实质。高先生经过长期考察和思索，认为这种背离的症结乃是在思维方式上。"原来教科书尽管处处要同旧哲学对立、处处在批判旧哲学观点，它却并未跳出旧哲学思考问题的框架，它用以批判旧哲学的那个思维方式恰恰是传统哲学用以建立他们世界观理论的哲学模式，我称它为从两极对立出发的思维方式即'本体论化'模式。这是造成教科书在很多问题上同旧哲学总是划不清界线的深层原因。"② 所以，在高清海那里，改革教科书体系只是变革本体论思维方式的方式和手段，他的真正目的和终极关怀，就是革新理解哲学的思维方式，即运用实践观点的思维方式理解一切哲学问题乃至社会问题。

（二）社会主义市场经济体制改革的需要

哲学是"时代精神的精华"，是"思想中所把握的时代"，是对现实的反映和理论化表达。因此，当时代的内涵和精神发生了变革，哲学应该也必然要发生变革。这正是高清海对于自己哲学思想的每一次变革的理由和目的。因此，按照高先生的观点，实践观点的思维方式的诞生是迎合社会主义市场经济体

---

① 高清海：《高清海哲学文存》第3卷，吉林人民出版社1997年版，第2页。
② 高清海：《高清海哲学文存》第1卷，吉林人民出版社1997年版，第318页。

制改革的需要而做出的理论反映。

　　经济体制的改革与发展要求哲学观念的现代变革。十一届三中全会后，国家将工作重心转移到经济建设上来，重新确立了"解放思想、实事求是"的思想路线，随着社会主义市场经济体制的方针正式确立，中国的时代内涵发生了变化，市场经济必然改变我国社会生活的面貌，引起整个社会的全面而深刻的变革，人们禁锢在计划经济体制内的思想观念也得到解放。经济体制的转轨，即从适应计划经济的轨道转向适应市场经济的轨道，要求政治、经济、文化、意识形态也必须随之变化，是从经济基础到上层建筑的全方位变革，而关键在于观念的变革。观念上的具体变革，如高清海所说："随着在市场经济发展中自然经济体系的解体，原来适应于自然经济活动方式的观念在不知不觉中都变化了，逐渐让位于市场经济所需要的新观念。例如，自给自足观念为开拓创新观念所代替，等级从属观念为自立观念所代替，命运前定观念为个人奋斗观念所代替，保守观念为进取观念所代替，平均观念为竞争观念所代替，恩赐观念被自立观念所代替，权威观念为平等观念所代替，守旧观念为革新观念所代替，如此等等。"[①] 发达的市场经济就是现代经济的基本活动形式，"人由市场经济走向自由独立，社会由市场经济进入现代社会文明，哲学也由市场经济推向现代哲学形态"[②]。

　　变革哲学观念必然要转换哲学思维方式。哲学思维方式与哲学理论是内在一致的，无论哲学理论以怎样的形式表达出

---

① 高清海：《高清海哲学文存》第2卷，吉林人民出版社1997年版，第202页。
② 高清海：《高清海哲学文存》第2卷，吉林人民出版社1997年版，第202页。

来，其内在的逻辑思维是不变的，思维方式才是哲学理论的本质精神和终极意义。哲学是作为主体的人的本性表达，也就是说，人的存在方式与哲学理论必然是一致的。人的存在方式、生活方式决定着人的思维方式。市场经济作为主体新的存在方式，决定了适应计划经济体制的本体思维方式必然被新的思维方式所取代。但是人们根深蒂固的传统思维方式是适应高度集中的计划经济体制的需要而形成的，并且是长期形成的。从计划经济体制到市场经济体制的转轨是相对容易的，但是两种体制下的思维方式的转换会经历更长的时间和艰难的过程，这与经济体制转换之间必然出现一个"时滞"。而高清海所要做的就是利用科学的理论将这一"时滞"尽量缩短直至消除。他提出"实践观点的思维方式"顺应了这一时代发展要求，突破僵化教条的本体思维方式，而将马克思的实践观点理解为一种思维方式，用以帮助人们适应市场经济的改革与发展。如高先生所讲，"马克思以实践观点的思维方式去理解人与世界的对立统一关系，就扬弃了哲学在'本原'问题上的自然本体与精神本体的抽象对立，超越了它们在思维方式上的客体性原则与主体性原则的互不相容，说明了它们从来没有解决的、由人的实践活动所造成的人对世界的生成和世界对人的生成的统一"[①]。

高清海先生关于市场经济的多篇著述的主题都是人，即人的解放、人的独立和人的发展。高清海说："这些（由市场经济导致的）观念的变化归结到一点，其实质就是：适应个人由依附走向独立，人们对待外部世界以及人自己的态度发生了根

[①] 高清海：《高清海哲学文存》第1卷，吉林人民出版社1997年版，第162页。

本的变化。"高先生认为，关于市场经济的发展在历史上具有多方面的意义，但是对独立个人的促进作用无疑是市场经济的最高价值，只有市场经济条件下才能真正形成马克思所说的"世界历史性的、真正普遍的个人"。为什么只有经过市场经济的发展，独立的个人才能生成？高清海回答这一问题的理由有三点：第一，市场经济的发展就意味着社会分工的深化，分工既造成了独立的个人，又用一种新的社会性联结形式将所有个人联系在一起；第二，马克思提出，通过对物的依赖形成个人的独立，市场经济条件下对财富的依赖与自然经济条件下对人身的依赖有本质的不同；第三，价值规律的支配，价值规律反映的是社会的需求，是客观化的主观需求，人的命运取决于驾驭和运用规律的能力。总之，市场经济的出现，打破了自然经济中人的交往和分配形式，促进了独立个人的生成。它是通过市场来调节生产、交换、分配和消费，市场成为社会分配的主要依据，参与市场活动的独立个人成为新的主体形式，个人的活动表现为社会活动，统一于市场经济体系。独立的个人和企业摆脱了自然经济条件的依赖和束缚，成为自由意志、自负盈亏的主体，在公平竞争、优胜劣汰的市场环境下，人形成的人格必然是自己独立的人格，同时又是社会化的人格。

（三）"实践唯物主义"讨论的孵化作用

高清海先生的"实践观点的思维方式"思想是在自 50 年代开始的教科书体系改革过程中逐渐形成的，但是将其凝练为理论观点应该源自 20 世纪 70 年代末的"实践是检验真理的唯一标准"全民大讨论（以下简称"实践标准大讨论"）。在 80 年代末，这一讨论再次升级为哲学界的"实践唯物主义"大讨论。而"实践唯物主义"讨论中，高清海旗帜鲜明地提出了"实践观点的思维方式"，并发表多篇文章对这一理论进行辩护和完善。从"实践观点的思维方式"自身的生成视角来看，这场影响深远、规模宏大的讨论直接催生了"实践观点的思维方式"的诞生。

之所以称这次讨论为"实践唯物主义"讨论，主要是因为在1988年9月全国"实践唯物主义"讨论会在北京召开，因此学界一直以来普遍称这次讨论为"实践唯物主义"讨论，其主要内容就是高清海所总结的实践唯物论和实践本体论的讨论。我国最早正式提出"实践唯物主义"概念，是北京大学出版社出版的《马克思主义哲学基本原理》（1984），后出现在《中国大百科全书·哲学卷》里（1987）。随着如何发展马克思主义哲学和革新现行哲学体系的讨论，实践观点再次成为理论界讨论的焦点。这次讨论的范围和规模极其宏大。例如，在中国知网上仅1988年，以"实践"为主题搜索的哲学文章就高达182篇，以"实践唯物主义"为主题的文章高达71篇，各人文社科类期刊和哲学专业期刊几乎都成为"实践专刊"，如《哲学动态》这一年就刊发了44篇关于实践讨论的文章。如果针对单一题域的讨论而言，这样的规模在近现代哲学史上都是空前绝后的。

关于这次"实践唯物主义"讨论的起点，其实是很难界定的，原因在于自1978年实践标准大讨论后，实践便成为哲学研究热点题域，关于实践的哲学理论探讨从未停歇，文章内容大都会论及实践唯物主义的相关或相近观点。但是除却上面提到的概念界定，如果说真正开始进行实质性理论探讨的文章，应该是辛敬良1987年在《复旦学报》上发表的《马克思主义哲学是实践的唯物主义》一文，文中阐述了作者对"实践唯物主义"的对象、逻辑起点、本质特征和方法论等的理解。之后便开始了"实践唯物主义"的井喷式讨论。

"实践唯物主义"讨论具有重大的历史意义，原因主要有两点。其一，这次讨论是时代变革的产物，是意识形态领域对于时代变革的积极反映，同时也是改革开放语境下的标志性事件，从理论上为改革开放提供了养料。其二，虽然包括高清海在内的许多哲学家认为这次讨论是"实践标准大讨论"的继续，但并不能否认这次规模浩大的历史论争真正从哲学理论上将实践观点的马克思主义哲学本质根植于中国哲学土壤，这是区别于"实践标准大讨论"的政治目的和意义的，正因为这次讨论，本来作为马克思主义哲学的"活的灵魂"的实践观点才得以真正纳入中国哲学体系。

在这次讨论中，高清海针对实践唯物论和实践本体论的观点做出了更为切近马克思主义哲学本质的回答，即"实践观点的思维方式"。1988年后，高清海也进入了科研成果的高产期，单在1988年他就出版了2部著作、发表了17篇论文。对于"实践观点的思维方式"，他先后发表了《论哲学观念的转变》（1987）、《论实践观点作为思维方式的意义——哲学探进断想之三》（1988）、《重新评价唯物论唯心论的对立——哲学探进断想之四》（1988）、《再论实践观点的思维方式本质》（1989）、《从"理论硬核"上变革哲学观念——剖析本体论化的哲学模式》（1989）、《中国现代哲学观念变革研究》（1989）、《从哲学思维方式的演进看人的不断自我超越本质》（1994）、《哲学思维方式的历史性转变——论马克思哲学变革的实质》（1995）等多篇论文，对实践观点的思维方式的内涵、本质、根源和意义做了极为详尽的阐述。这些文章是这次"实践唯物主义"讨论的核心成果之一，也正是因为这次哲学领域的"头脑风暴"，哲学家们在批判的同时又相互启发，迸发了许多创新性哲学理论，在许多哲学观点上突破固有观念的束缚。高清海针对论争中的两种主要观点——"实践本体论"和"实践唯物论"，首先肯定了二者的积极意义在于重新将实践作为"最高原则"贯彻到全部哲学内容中，然后说明这两种理论并未从根本上超越传统思维模式限制，仍然从本体论意义上去理解实践，最后指出只有从思维方式上重新理解实践，才能从根本上揭示出马克思哲学变革的实质。也就是说，在这样的思想自由、对象明确的研究氛围中，"实践观点的思维方式"才终于提出并完善。结合他在《哲学与主体自我意识》中的论述，"实践观点的思维方式"已经形成了一个科学的理论体系。

第二章 "实践观点的思维方式"的内涵

高清海认为,作为时代精神的精华,哲学理论(哲学体系)的产生、变化与发展从根本上都是思维方式的变革。而实践观点的思维方式,是马克思主义哲学区别于其他哲学的根本特征和判定标准。高清海强调:"实践观点作为一种崭新的思维方式,它也就是马克思主义哲学对待一切问题的思维逻辑。"[①] 基于这样的理解,高清海将"实践观点的思维方式"归结为马克思哲学革命的实质。

一 "实践观点"首先是一种思维方式

实践观点的思维方式认为,实践首先是一种思维方式。"思维方式是人们思维活动中用以理解、把握和评价客观对象的基本依据和模式。"[②] 人对事物的理解、对世界的认知的直接来源是经验的总结,而其更深层次的根源实际上是对人的实践活动方式的反映。经由实践所检验和证实的对事物的正确认知会凝练生成哲学理论,并对人们的思维方式的形成具有决定

[①] 高清海:《高清海哲学文存》第1卷,吉林人民出版社1997年版,第114页。
[②] 高清海:《高清海哲学文存》第1卷,吉林人民出版社1997年版,第112页。

作用。按照列宁的说法："人的实践经过千百万次的重复，它在人的意识中以逻辑的格固定下来，这些格正是（而且只是）由于千百万次的重复才有着先入之见的巩固性和公理的性质。"① 这些概念、范畴体系所形成的理解框架就是人们作为认识工具而运用的思维方式。

思维方式的变革，即新的思维方式的出现，往往都是时代变革的产物，也都代表着思想的解放。高清海认为，马克思最大的贡献就在于把哲学理论建立在实践的基础上，由此根本改变了哲学思维方式，使哲学进入新的发展阶段。他曾指出："马克思主义哲学的实践观点则代表超出这种旧有思维框架而形成的一种崭新的理解方式、思维逻辑。"② 实践观点并不是马克思首先提出的，相反，它拥有着漫长的发展史，其源头可以追溯到中国的孔孟和欧洲的亚里士多德。但是，作为历史概念的实践观点与马克思的实践观点是有着本质上的区别的。在马克思那里，实践并不是作为一个理论观点出现的，而是作为一种思维方式而贯穿于他的理论体系中的。

（一）哲学思维方式的意义

对于"实践观点的思维方式"内涵的理解，应该首先集中在思维方式的变革意义。人所具有的高级形态的思维模式，是人所特有的意识形态。思维方式也是人所固有的属性之一，即人总是存在着某种思维方式来理解事物并支配人的行为。而随着人的知识和经验的累增，旧有的思维方式总会被新的思维

---

① 《列宁全集》第 38 卷，人民出版社 1986 年版，第 233 页。
② 高清海：《高清海哲学文存》第 1 卷，吉林人民出版社 1997 年版，第 133 页。

方式所取代，也就是人们观察问题的视角终究会发生改变。而一旦人们改换了全新的思维方式，再看已有的知识内容，就会发现从前所谓"真理"并非"无懈可击"，不过是在传统思维框架下得到的认知总结。因此，思维方式的变化才是根本性的变化。对此，高先生认为，"哲学思维方式，属于哲学理论的内在的思维逻辑，表现着哲学对待事物的方式、理解事物的模式、处理事物的方法。思维方式是无形的，它却像'灵魂'一样贯彻并支配着哲学的整个内容，哲学中那些原理、观点、范畴不过是它表现于外的具体形式。哲学理论的意义主要就在于思维方式的意义。随着时间的推移，哲学中的原理、结论乃至对许多问题的具体观点在历史激流的冲刷下大都湮没、淡忘或淘汰，能够保留下来的主要是哲学思维方式曾经发生过的影响"[①]。从高先生的表述中可以看出，哲学思维方式与哲学理论是外在与内在、有形与无形、显性与隐性的关系，思维方式是支配哲学理论具体形式的灵魂，是哲学理论的内在思维逻辑和终极意义。任何一种哲学思想、哲学理论、哲学观点都是在某种思维方式的支配下产生的，我们想要理解和掌握哲学家思想的精神实质，如果只从经典文本、理论观点上去研究，必然陷入形而上学而无法理解其真正意蕴，唯有思维方式才代表着最深层次的本质精神。

从思维方式的生成逻辑来看，每一个时代因其特殊的生产与实践条件，便有着自身的思维方式，这说明思维方式并非一成不变的，而是随时代发展不断变革的。高清海认为，"思维方式是一个历史范畴。……哲学的思维方式又是时代精神精华

---

① 高清海：《高清海哲学文存》第 1 卷，吉林人民出版社 1997 年版，第 82 页。

的最高结晶,在它里面集中地表现了时代发展的本质趋向和内在要求。哲学思维方式同时具有塑造时代精神的面貌、推动社会历史发展的作用,从一个时代转变到另一个时代,不仅必须经历哲学思维方式的根本变革,而且人们只有改变了看待一切问题的思维方式,才能彻底变革社会的意识形态,进而实现整个社会生活的深刻变革"①。因此,当时代的内容与特征发生了变化,必然要求哲学思维方式的变革,或者说,思维方式的变革也是时代变革的内涵和标志,而这一思维方式的变革,也内在地蕴含着对时代变革的积极推进作用。要全面理解思维方式的变革意义,必然包含着对时代精神和时代内容在意识形态上的反映和理解,顺应新时代发展趋势的思维方式必然得到发扬,而违背时代发展潮流、适应以前时代发展的思维方式必然被摈弃。

高清海就是将马克思主义哲学作为一种顺应时代发展的思维方式来理解的。马克思把实践作为理解一切问题的出发点和立足点,将实践观点作为一种新的思维逻辑而区别于其他所有哲学。也就是说,实践观点的思维方式是判定马克思主义哲学与非马克思主义哲学原则界限的基本依据。而包括传统教科书在内的传统理解方式并未掌握这一精髓,只是根据马列经典著作的观点或原理进行有限的主体性理解,这样的做法只能造成对马克思主义哲学的误解甚至错解,并不能真正掌握马克思主义哲学的精神实质。按照高先生的观点,"一种哲学理论的发展,在一定意义上说,就是它的已有思维方式在新情况下合乎逻辑地进一步展开和发挥。马克思主义的实践观点是我们推进

---

① 高清海:《高清海哲学文存》第1卷,吉林人民出版社1997年版,第114页。

马克思主义哲学进一步发展的基本依据。所谓发展马克思主义哲学，其实质也就是运用马克思主义的实践观点这一崭新的思维方式去分析总结、回答现时代社会实践和科学技术所提出的那些新成果、新思想、新问题"①。因此，理解马克思主义哲学的思想实质，关键就在于理解实践观点的思维方式。

（二）哲学思维方式的类型

马克思和恩格斯以实践观点的思维方式确立了马克思主义哲学，回答了他们所处时代的理论和实践的问题，这是思维方式变革的现代表征。那么，在此之前的悠长历史当中，又曾出现过哪些类型的思维方式呢？或者说曾经发生过哪些思维方式的变革呢？对此问题，高清海在《论实践观点作为思维方式的意义》一文中，结合哲学史，深刻剖析了哲学思维方式的类型。他将思维方式划分为五种基本类型：

"总结哲学认识的发展，就思维方式的基本类型来划分，可以归纳为下面几种：①从未分化的笼统的自然出发去认识一切问题的思维方式，可以称之为自然观点；②从脱离人的自然出发认识各种问题的思维方式，属于存在观点；③从脱离自然的主体（即意识）出发认识各种问题的思维方式，属于意识观点；④从抽象的人出发去认识各种问题的思维方式，属于人本学观点；⑤从人与自然的具体统一即从具体的人的现实活动出发去认识各种问题的思维方式，属于实践观点。其他那一切具体的思维方式，都可以概括在这几种基本思维方式类型

---

① 高清海：《高清海哲学文存》第 1 卷，吉林人民出版社 1997 年版，第 115 页。

之中。"①

　　这样的分类方法无疑是从总体上进行划分的，因为哲学史上的每一个哲学观点甚至每一个哲学体系都代表人类认识的某一种思维方式，而每一个时期的思维方式既有区别又相互联系，它们形成了纷繁复杂的思维网络，只有出现了类如马克思所创立的实践观点的思维方式的根本性变革，才能作为一个类型划分的起点而重新归类。根据这样的划分标准，高先生将思维方式划分为上面提到的五种类型：自然观点、存在观点、意识观点、人本学观点、实践观点。他认为，这五类思维方式相互区别的本质内容，就在于对人的本质的理解不同。

　　自然观点思维方式源自原始社会末期的"万物皆有灵"的观念，后逐渐发展为对自然存在的直观认识的自然观点。这种观点有着鲜明的自然立场，注重从人的自然本性中理解人，认为多数情况下自然与人是同一的。古代哲学中的自然哲学、理念哲学，中世纪的宗教哲学都应归属于这一类型的思维方式。存在观点来源于自然观点，但是又区别于自然观点。存在观点认为理解人的本质只能从人的自然本原中发现，人的根本属性和具体特征都可以在自然本原中得到解释和说明，从这里可以看出，存在观点从本质上就是遮蔽了人性的自然观点。与这种思维方式相适应的主要是本体论、机械论等。意识观点是思辨哲学的产物，它与自然观点是两种完全对立的思维方式。意识观点将人的本质归结为意识，强调主体从意识出发去观察和理解一切事物，这就完全脱离了自然的本原而凸显了人的主体能动本质。与这种思维方式相适应的理论形式是认识论、理

---

① 高清海：《高清海哲学文存》第1卷，吉林人民出版社1997年版，第116页。

性论、意志论、目的论等。人本学观点认为意识观点和存在观点具备统一的条件，强调从二者的统一去理解人的本质。但是人本学观点并未体现出自身特殊的内容，而是简单理解为合二为一的观点。这一理论缺陷使人本学观点在应用中缺乏直接的依据，往往会摇摆不定而最终走向意识与存在其中一端，更多情况下是走向存在观点。最具人本观点思维方式特征的哲学就是费尔巴哈哲学。这就是马克思主义哲学产生以前的几种思维方式类型。

如上所述，自然观点、存在观点、意识观点、人本学观点都有其积极性与局限性。自然观点和存在观点属于旧唯物主义的观点，强调了自然存在对人的本体作用，指出了主观世界的客观来源，但却过于夸大了自然对人的绝对作用，没有办法解释人的超自然性质。意识观点的思维方式则与其相反，否定了自然的本原作用和客观基础，强调人的主观能动性质，认为意识才是人的本质，这种思维方式必将产生各类主观和客观唯心主义。这三种思维方式在本质上存在着相同的缺陷，它们都"肢解了构成人和人的现实世界本质的那些矛盾……因此便陷入对人的抽象理解、对人的现实世界的抽象把握之中而不能自拔"[①]。而人本学观点为了规避这一缺陷，试图从对立统一的视角来重新考察存在与意识、客观与主观、自然世界与属人世界的关系。但是人本学观点所构建的统一同样没有建立在实践的基础上，这种理解最终只会表现为观点的堆砌，自然无法真正理解人的本质内涵。马克思的实践观点成功地克服了以上几种思维方式的不足，科学地提出实践是人的存在方

[①] 高清海：《高清海哲学文存》第 4 卷，吉林人民出版社 1997 年版，第 25 页。

式，从而将存在与意识、客观与主观、自然世界与属人世界统一起来。高清海基于对西方哲学史的梳理，批判了实践观点出现以前的各种思维方式的根本缺陷，从而再次确证了实践观点的思维方式的科学性和先进性，有力地推动了马克思主义哲学的发展。

二 实践观点对本体论思维方式的颠覆

实践观点的思维方式的提出，是在实践唯物主义大讨论中继"实践唯物论""实践本体论"之后的第三种观点。在肯定了实践作为"最高原则"的积极意义的同时，高清海指出了这两种思维方式的本体论本质。他认为"所谓实践唯物论和实践本体论，二者共同的基本思想，都是要'赋予实践以本体论的意义'，'把实践引进本体论，并把它提升到世界本原的行列中去'"[①]。也就是说，实践唯物论和实践本体论在没有改变以往哲学构建的本体论思维模式的情况下，却要生硬地提升实践的地位，实质是用实践取代了物质或意识成为本原，这无疑是矛盾的。高清海指出，"把实践说成是属人世界的根据或'本体'，而把物质说成是自然世界的'本体'，这就仍然是承认两种'本体'的存在，同样是把自然世界与属人世界分割开来、把自然的本原性与人的超越性对立起来，而无法说明它们的对立统一；如果承认实践是源于并依赖于物质，这就取消了实践的本体地位，而还原为自然本体论；如果承认实践作为目的性活动而具有对于整个世界的'本体'地位，其实质只

[①] 高清海：《高清海哲学文存》第1卷，吉林人民出版社1997年版，第130页。

能是把人的精神活动夸大成世界的'本体'而还原为精神本体论"①。这样的做法不仅不能提升实践的地位，反而使自己陷入了矛盾之中而无法解脱。而实践观点的思维方式最根本的意义，就在于瓦解了本体论思维方式，重新理解马克思主义哲学的精神实质。

高清海认为，实践观点的思维方式与"实践唯物论""实践本体论"虽然都主张将实践作为核心来重新理解马克思哲学，但它们存在着本质上的区别，"实践唯物论""实践本体论"将实践理解为世界的本原，并未脱离本体论思维方式，而实践观点将实践理解为一种思维方式，并强调这种思维方式的变革意义。对此高先生指出："马克思提出的实践观点，首先是意味着改变了哲学对人从来就有的抽象化的看法，进而也就根本改变了在人与自然的关系、人们对待外部世界的态度、看待世界事物的观点等这一切问题上的理论，一句话，根本改变了哲学对待事物的观察视角、看待问题的理念模式。在我看来，这是'哲学思维方式'的根本变化。"② 这种根本的变化体现在实践观点的"去本体化"的思维方式。传统哲学的本体论思维方式所表现出的哲学理论具有片面性，或者片面追求人的自然本原，或者片面认识人的主观能动性，从本质上从未脱离对本体的追求。当人们以一种新的视角去理解和看待一切问题即从实践观点的思维方式出发，才能够从根本上克服传统哲学的本体论思维方式的片面性。这主要是因为，实践观点的思维方式"既不是单纯从脱离人的自然出发，也不是单纯从脱

---

① 高清海：《高清海哲学文存》第1卷，吉林人民出版社1997年版，第163页。
② 高清海：《高清海哲学文存》第6卷，吉林人民出版社1997年版，第381页。

离自然的人出发，既不是单纯以本原存在为依据，也不是单纯以超越形态为依据，而是从人和自然、主体和客体、主观性和客观性在现实活动中的相互作用关系出发，以本原存在和超越形态在现实活动中的统一关系为依据，去观察各种事物、理解现实世界、回答两重化矛盾的思维方式"①。高先生的这段话实际上对实践观点的思维方式与本体论思维方式的原则界限做了最全面的概括，指明了二者的根本区别。实践观点是马克思主义哲学体系的内在逻辑和理论硬核，只有从思维方式变革的角度而非理论视角来理解马克思实践观点，才能真正理解马克思哲学革命的实质。

与实践一样，对本体论的理解可以作为一种哲学理论，同时也可以理解为思维方式。本体论思想始于古代，近代17世纪开始兴盛，在19世纪初的黑格尔哲学达到巅峰，同时也是它最终陷入瓦解的标志。本体的概念是从古代"本原"观念演化而来的。到了近代演化为本体论，追求本体、实体，也是为了使事物返璞归真。作为理论的本体论，是"关于存在本身的学说，即探究存在作为存在所具有的本性和规定的一种哲学理论"②，在高清海看来，本体论就是要寻求一个终极的存在，用来解释说明一切对我们显示的"现实、事物、感性"。作为本体论的哲学理论和思维方式，对"本体""本原"的追求，就意味着对一切存在的终极解释，也就意味着对所有事物的最高认知。亚里士多德是本体论的奠基人，他说"极因才是善"③，即追求事物的原初存在。因此，无论存在还是意识，

---

① 高清海:《高清海哲学文存》第1卷，吉林人民出版社1997年版，第135页。
② 高清海:《高清海哲学文存》第1卷，吉林人民出版社1997年版，第141页。
③ [古希腊]亚里士多德:《形而上学》，商务印书馆1991年版，第84页。

找到这一"本体"是本体论的终极目标与最高原则,这在本质上还是还原论的思维方式,从一定意义上来说就是康德所说的"物自身""自在之物"的理论。而康德认为"把现象和自在之物分割开来,我们认识的只是现象,自在之物不可知"[1]。虽然康德试图以"自在之物"调和经验论与唯理论,但本质上仍然是本体论的思维方式。

在马克思哲学出现以前,作为思维方式的本体论,不但成为西方哲学的根本思维方式,而且深刻影响着人们的现实生活。在高清海看来,无论是唯心主义还是旧唯物主义,都是本体论思维方式的运用和体现,而实践观点的思维方式的提出就是基于对本体论的批判,从而揭示了马克思哲学革命的重要意义。根据他对思维方式的分类,在全部西方哲学的发展过程中,实践观点不仅与存在观点、意识观点等存在本质区别,超越了唯心主义和旧唯物主义的本体论思维方式,还实现了传统哲学转向现代哲学,由此成了哲学史上最具革命性和科学性的思维方式。因此,高清海认为,这种哲学变革的本质特征和最高价值就体现在实践观点思维方式对本体论思维方式的终结。

这里可能还需要说明一点,马克思以实践观点的思维方式对"本体论"思维方式的扬弃,是在思维方式意义上的扬弃,其扬弃的是这种传统思维方式的抽象性和不彻底性,而非"本体"本身。相反,马克思不仅没有扬弃本体追求,而且将本体追求回归于现实世界,将本体纳入社会的、历史的具体实践,而用他独创性的理论观点表达本体的意义。

---

[1] 邓晓芒:《西方哲学史》,高等教育出版社2005年版,第208页。

三 实践观点对哲学基本问题的解读

（一）世界两重性的否定性统一

哲学是关于世界观的理论，马克思主义哲学以世界观为性质和特点而区别于传统哲学。恩格斯曾以世界观来论述马克思主义哲学的性质及其与科学的关系，他指出："这已经根本不再是哲学，而只是世界观。"① 因此，这里以世界观作为说明哲学基本矛盾的切入点，而按照高清海的观点，具有世界观性质的哲学需要解决的基本矛盾就是属人世界与自然世界的矛盾，即世界两重性的矛盾。

世界两重性的矛盾是指人的现实世界一方面具有自然的本质，另一方面具有属人的本质，即自然世界与属人世界的矛盾，也可以理解为人与自然的矛盾。从始源存在的意义来看，现实世界首先是自然世界，它的先在性表现着自然物质的本质。而人的实践活动将这一自然世界改造为"为人的存在"，将人的本质加入这一对象化的世界，使其具有了属人的本质，即形成了属人世界。因此，如果不考虑时间顺序的限制因素，自然世界和属人世界其实并非两个世界，而属于同一个世界。自然世界不能等同于纯粹的"自然界"，属人世界也不能等同于纯粹的"人的世界"，因为实际上它们的构成都包含了两种要素：人和物。只不过在自然世界里，物处于主导地位，人也作为物服从于自然规律的支配；而在属人世界里，人是作为主

---

① 《马克思恩格斯文集》第 9 卷，人民出版社 2009 年版，第 146 页。

体存在的，物则是从属于人的客体。既然两个世界的构成仅存在着人和物的两重性关系，那么解决这一矛盾关键在于如何把握现实世界的两重化本质。

属人世界与自然世界并不只是相互排斥、非此即彼的关系，二者也是相互联系、密切统一的关系。在这种对立统一的关系中，人的所有实践活动就是为了发展属人世界，而这一目的的达成必然建立在对自然世界的改造和对象化上。按照高清海的观点，属人世界与自然世界是一对矛盾范畴，体现并统一于人们的实践当中，也只有在人们的现实活动中才能得到解决。以往的哲学总是试图立足于矛盾的某一方面，片面地将现实世界理解为单一世界，而忽略了世界的"两重性"。要么片面强调属人世界的自然本质，完全以自然的物质性去说明属人世界的性质，要么片面强调自然世界的属人本质，运用了属人本质具有的超自然性去说明自然世界。这两种观点都未从否定性统一的关系中去把握现实世界的两重化本质，从而在人类认识史中始终无法摆脱两极对立的思维模式，进而无法找到消解矛盾和实现统一的基础。而马克思的实践观点的思维方式，就是对这一矛盾的消解与克服。

人所面对的现实世界，是由于人的实践活动而分化为双重属性的世界。世界两重化矛盾的形成和化解都必然归结于人的实践活动，人在改造自然世界的过程中构建属人世界，又在发展属人世界的过程中规定了自然世界，而二者的对立统一完全体现在人的实践活动中，因此，实践被理解为具有双重属性的中介，是理解自然世界与属人世界否定性统一关系的根本内容和唯一途径。马克思把实践作为一种崭新的思维方式去理解一切哲学问题，既没有片面地脱离人来考察自然，也没有片面地脱离自然来考察人，而是将实践作为理解人与自然、主体与客体、主观性与客观性的关系的思维逻辑来回应与解决世界两重化矛盾。这样去理解实践的性质和作用，才能真正克服自然世界与属人世界的逻辑矛盾，从而实现整个世界观理论根本性的转变。

（二）思维与存在的对立统一

如上所述，属人世界和自然世界的矛盾是哲学作为世界观理论所要解决和应该解决的基本矛盾。而这一基本矛盾的解决，从总体上和本质上来讲必然要归结为实践。如高清海所说"主观与客观、主观性与客观性、主观世界与客观世界的是属人世界与自然世界关系问题的本质内容"①。因此，主观与客观，或者说思维与存在的关系问题由此就构成了哲学理论的核心内容。

思维与存在的关系问题曾被恩格斯确定为哲学的基本问题，而思维与存在的关系在本质上就是主观性与客观性的关系。恩格斯把它规定为思维与存在的关系，旨在凸显认识活动中的主客观矛盾，这是沿用了德国古典哲学的提法。事实上，对哲学基本问题的提法在马克思和恩格斯之前就已经较为明确了。黑格尔曾指出，近代哲学都是"围绕思想与客观的对立问题而旋转"②的，费尔巴哈也讲到过："关于精神对感性、一般或抽象对实在、类对个体的关系如何的问题……是属于人类认识和哲学上最重要又最困难的问题之一，整个哲学史其实只

---

① 高清海：《高清海哲学文存》第3卷，吉林人民出版社1997年版，第98页。
② ［德］黑格尔：《小逻辑》，贺麟译，商务印书馆1987年版，第93页。

在这个问题周围绕圈子。"①

进一步讲，主观性与客观性的矛盾从根本上可以归结为肯定与否定、反映与被反映的关系，但是主观性在肯定和反映客观性的同时，又在否定和超越客观性。也就是说，主观性和客观性是相互作用、不可分割的，是在肯定和否定的关系中呈现二者的主客观内容和特征的。这就是高清海所说的否定性统一的关系。

按高清海的观点，主观性与客观性的否定性统一的基础即为实践观点的思维方式。高先生说："实践活动就是主体与客体、主观与客观之间相互制约、相互作用、相互转化的活动。马克思的实践概念消除了主观性和客观性各自的片面性、实现了主体与客体的否定的统一。"② 高清海认为，思维与存在、主观与客观的统一，是人的一切实践活动的最终目的。人类在改造客观世界的实践活动中进行了对世界的分化，同时在此基础上也完成了对世界统一性的更高层次的构建。这种世界两重属性的根本原因就在于实践，实践统一了自然世界与属人世界、客观世界与主观世界。这种主体与客体的分化只有在实践中才能发生，主体与客体之间的统一也只有在实践中才能实现。毫无疑问，主观性与客观性的两极对立关系是在实践活动中诞生的，而且由于实践具有的永续性，主体与客体的矛盾也随之不断产生与更新。与此同时，主观性与客观性的统一也是在实践活动中完成的，二者所具有的片面理解也只有在实践中才能消除。因此，实践既是造成主客体对立的根本原因，又是

---

① ［德］费尔巴哈：《费尔巴哈哲学著作选集》（下卷），商务印书馆1984年版，第621页。

② 高清海：《高清海哲学文存》第3卷，吉林人民出版社1997年版，第210页。

实现主客体统一的唯一途径。

马克思主义哲学从实践观点去认识主观性与客观性的否定性统一关系，比以往任何哲学更深刻、更科学、更符合人的现实活动的本质和内容。马克思哲学肯定了黑格尔辩证法对本体论和还原论的思维的超越，但同时指出黑格尔"并不了解实现主客体统一的是一种'现实的、感性活动本身'"①，所以并未从现实的实践活动出发去理解辩证法。因此，马克思的辩证法，不同于以往哲学的理解基础，而是将实践置于最高和最基础的地位去理解主体与客体。高清海先生因此认为马克思的辩证法的奥义就在于他的实践观点，由此真正实现了由传统哲学到现代哲学的历史变革。高先生认为，传统哲学受到本体论思维方式的限制，并未认识到实践的本质意义，虽然黑格尔辩证法打破了传统本体论的思维定式，但是他仍然没有发现实践的价值而将他的哲学理论建立在逻辑抽象的基础上。马克思在哲学史上第一次以实践为基础去理解人与自然、主体与客体、主观性与客观性的关系。这些范畴的对立和统一、这些矛盾的生成与解决都在人的实践活动中实现。马克思将实践理解为人的存在方式，并揭示出实践观点的思维方式的本质意义，从而真正实现了人与自然、思维与存在、主观与客观在现实活动中相互统一。

（三）"超越唯物论和唯心论两极对立"

"超越唯物论和唯心论两极对立"是高清海对实践观点历史意义的重要论断，实践观点实现了思维与存在、主观与客观

---

① 高清海：《高清海哲学文存》第 1 卷，吉林人民出版社 1997 年版，第 54 页。

的统一，从而消除了世界两重化的矛盾，但在更深层次的意义上，实践观点超越了以往一切哲学唯物论和唯心论两极对立的思维定式。如高清海所讲："实践观点既超越了抽象的自然观点，又超越了抽象的人本观点，它是二者在合理形式中的具体统一。既然如此，就必然会逻辑地引申出一个结论，那就是：马克思主义哲学再也不能被容纳于传统的唯物论与唯心论派别抽象对立的模式之中，马克思主义哲学诞生的秘密、变革的实质，恰恰就在于对抽象的两极对立模式的超越。"① 也就是说，传统哲学陷入唯物论与唯心论的两极对立的根本原因，或者说马克思哲学所实现的哲学革命的实质，就在于将思维和存在统一起来的现实基础——"实践"。马克思的实践观点为哲学开辟了新的视野，是马克思与一切旧唯物主义和唯心主义的本质区别。

以往的哲学总是陷入唯物论与唯心论的两极对立观点，其原因就在于它们没有在二者之间找到一个平衡的真实基础，而又不能透过实践所表现的现象反映这一基础的矛盾，这就使它们必然要陷入两极化的片面观点之中。唯心论脱离自然世界基础，孤立地发挥人及其意识的能动性和创造性，无疑是片面的；唯物论哲学只能在自然世界范围内确立物质统一性观点，完全抹杀了人及其意识的能动性和创造性，当然也是片面的。马克思主义哲学消除了唯心论和唯物论哲学各自的片面性，以实践观点的思维方式统一了辩证法和唯物论。唯物论与唯心论存在着对事物本质理解的对立，唯物论从物质本原去理解事物，唯心论从逻辑抽象去理解事物，二者存在着本质上的不同。

---

① 高清海：《高清海哲学文存》第1卷，吉林人民出版社1997年版，第135页。

而这一对立的思维模式是以往的哲学建立自己的理论体系的总的思维框架，鲜有理论在根本上超越这种理解方式。马克思主义哲学的革命性意义就体现在这一点上，实践观点是对传统思维模式的突破与超越。高清海认为，实践观点的思维方式是判断一种理论观点是否属于马克思主义哲学的根本标准。也就是说，即便某一理论在具体观点上与马克思哲学观点相似或相同，但在思维逻辑上并未遵循、运用这种实践观点的理解方式，那么这一理论便可以认定为是与马克思主义哲学相违背的。

因此，马克思实践观点的创立，成为消解以往哲学两极对立思维定式的现实基础。马克思提出实践观点，既克服了抽象意识观点的片面性，又克服了抽象存在观点的片面性，既肯定了自然物质的本原性，又肯定了主观意识的能动性，既超越了旧唯物论与唯心论的体系和内容，又超越了唯物论与唯心论所固有的对立思维。

四　实践观点对人的本质的理解
——向"类哲学"的过渡

"人是哲学的奥秘"，高清海这一著名论断是他的哲学体系的核心观点之一。人是哲学永恒的真实主题，这是由哲学自身的本质特点决定的，哲学存在的价值意义就在于从总体上讲清人的本质规定、存在地位、活动的基本内容以及发展的趋向等问题。

高清海认为，哲学的主题是追寻人的本质，却往往"失落了人"。这里所失落的"人"，并非客观世界具有自然属性的人,"人"作为客观存在是不可能被失落的,这里的"人"仅仅是被哲学作为研究对象的认识方式的特有的人。高清海说,"人是多重性、多义性的存在,只要脱离开这种多重性、多义性的自身矛盾本性,从一个单一本质去理解人,就会把人抽象化、碎片化,而人的抽象化或碎片化也就是(现实的)人的失落;与此相适应,哲学如果脱离自身特点,无论趋向神学还是趋向科学,都会趋向单一化和绝对化的观点,运用这种观点所了解的就不再是活生生的现实的人,而只可能是抽象化的人(或者物化的人,或者神化的人),这就必造成哲学对人的失落"[1]。也就是说,这一失落的人就是脱离了现实世界的抽象的人,而马克思哲学所实现的由抽象的人向现实的人的回归,就是由实践观点的思维方式来完成的。

对人的本质的抽象化理解,是长期存在于哲学发展过程中的。正如高先生所说,"由于人的本质是在人的历史发展过程中逐渐生成、展开、实现的,它本身就是一个从隐性、模糊即抽象化逐渐走向显性、分明即具体化的过程,所以人们对这一本质的认识,只能从起初抽象化的认识,才会逐渐进到具体化的认识,便是很自然之事。我们看哲学史的发展过程就是如此,它在很长的历史时期,都是只限于对人的抽象化的理解"[2]。西方传统哲学并没有理解实践的意义,因而只能从抽象思辨抑或形而上学的固有模式来解释和把握人的本质。以往的哲学家并不是从实践观点去理解世界统一性问题,将事物、现实、存在仅仅理解为直观的客体,从而片面地强调初始本

---

[1] 高清海:《高清海哲学文存》第2卷,吉林人民出版社1997年版,第2页。
[2] 高清海:《高清海哲学文存》第2卷前言,吉林人民出版社1997年版,第2页。

原、物质自然等。如 18 世纪法国唯物论者为了对抗宗教神学世界观，强调人的自然本质，如霍尔巴赫认为"人是自然的产物，存在于自然之中，服从自然的法则，不能超越自然"①，因而认为人应该"俯首听命"于自然，这一理论在当时具有解放思想的重大意义。到了康德时期，他首先尝试以"理性"重建人的自主属性，把人理解为理性的自主体。黑格尔吸收了康德的观点，将"自我意识"理解为人的本质。他曾说："精神——人之所以为人的本质——是自由的。"②"自我意识生活在自己的思想之孤寂中，而在这种孤寂生活中得到满足。"③康德和黑格尔提高了人在哲学中的地位，并强调了人的主观能动性。然而，他们却抽象片面地理解了人的本质，人仅仅作为一个脱离了现实世界的理性或意识存在，这样的人尽管有了能动本性，却变成了非现实性的存在。面对康德和黑格尔这样的抽象的、片面的规定，费尔巴哈从人的感性存在出发，把二者所理解的理性和意识的人重又赋予生物学意义上的具体规定，但这样的人却也不是生活在现实的社会关系中的，既不从事现实的社会活动，又无任何现实的社会属性，脱离开现实的社会条件和社会联系，作为这样的感性存在的人，无疑仍然是抽象的。

很显然，传统本体论思想在理解人的本质时，只能从自然本原或绝对精神两个传统思维来理解，而费尔巴哈所看到的人的本质仍然是以一种感性直观思维对人的本质的把握。如高清

---

① ［法］霍尔巴赫：《自然的体系》（上卷），管士滨译，商务印书馆 1964 年版，第 10 页。
② ［德］黑格尔：《历史哲学》，生活·读书·新知三联书店 1959 年版，第 56 页。
③ ［德］黑格尔：《哲学史讲演录》第 3 卷，商务印书馆 1959 年版，第 4—5 页。

海所说,"哲学本体论的问题主要并不在于'本体'的虚构性质,这当然也是个问题;主要是在于这种理论失落了人,瓦解了人的现实世界,这才是最根本的"①。因此,马克思从人的实践活动出发,提出"人的本质是一切社会关系的总和",也就是在理解人的本质时从抽象走向现实、从理性或意识走向具体感性。在马克思那里,实践作为基础和中介,终于统一了黑格尔的"自我意识"和费尔巴哈的"感性实体",从而统一了对人的本质的理解。马克思批判了自我意识和感性实体的片面规定,同时又认可二者作为现实的人的两种属性,从而实现了从抽象的、虚幻的人到具体的、现实的人的转换。实践是马克思哲学所有理论观点的支点,特别是关于人的思考都是基于实践来展开的。"凡是把理论引向神秘主义的神秘东西,都能在人的实践中以及对这个实践的理解中得到合理的解决。"②人的本质并非人所固有的性质,而是在自身的实践活动中生成的。而实践观点的思维方式就是理解人的实践本质的根本途径,也是消解本体论思维方式的基本方法。

实践观点的思维方式对人的本质进行了重新理解,克服了本体论思维方式对人的本质理解的片面性。实践观点的思维方式的问世,改变了对人的抽象化理解,马克思指出,"人们的存在就是他们现实的生活过程"。实践观点的思维方式对人的本质的理解是处于一定的社会关系当中、满足一定生产生活条件的"现实的个人",而非思辨层面的抽象的人。马克思把人的本质归结为实践,马克思主义哲学的出发点就"是一些现实

---

① 高清海:《高清海哲学文存》第 1 卷,吉林人民出版社 1997 年版,第 143 页。
② 《马克思恩格斯文集》第 1 卷,人民出版社 2009 年版,第 66 页。

的个人，是他们的活动和他们的物质生活条件，包括他们得到的现成的和由他们自己的活动创造出来的物质生活条件"①。马克思认为，"现实的个人"就是从事实践活动的人，就是"他们的活动和他们的物质生活条件"，马克思说："我们的出发点是从事实际活动的人。"② "现实的个人"真正实现了主客体统一，走出了传统哲学主客体二元对立的困境。

马克思认为，人的本质是一切社会关系的总和，这便否定了所有脱离现实生活世界对人的抽象理解，这种理解是运用实践观点的思维方式的必然结论。马克思的实践观点实现了哲学对生活世界的回归，马克思指出："思辨终止的地方，即在现实生活面前，正是描述人们的实践活动和实际发展过程的真正实证的科学开始的地方。"③ 正是依据这一观点，马克思才第一次把人转变成现实的、具体的同时又是能动的存在，揭示出了人的真实本质。高清海先生把握了马克思哲学的这一精髓，从思维方式这一重要维度作为切入点去重新理解马克思的实践革命。实践观点的思维方式彻底取代了长期存在并主导的本体论思维方式，成为马克思哲学革命的实质，从而引致哲学观念的变革。因此，高清海先生将实践观点的思维方式作为毕生哲学研究和教学的基本原则和根本逻辑，为其后"类哲学"的提出提供了思维方式上的准备条件。

那么，高清海运用实践观点的思维方式对人的本质的理解，是如何过渡到类哲学的呢？我们可以尝试从辩证法的逻辑来阐明。首先需要说明两点：第一，类哲学的对象仍然是人，

---

① 《马克思恩格斯文集》第1卷，人民出版社2009年版，第519页。
② 《马克思恩格斯文集》第1卷，人民出版社2009年版，第525页。
③ 《马克思恩格斯文集》第1卷，人民出版社2009年版，第526页。

这与高先生此前的人学是一致的；第二，高先生在创建类哲学时，他的思维方式发生了转换，由实践观点的思维方式即马克思的实践辩证法转向了生命辩证法，但在本质上二者仍是一致的。

马克思所看到的人的本质并非费尔巴哈所看到的人的"类本质"，这一"类本质"没有理解人的实践活动而成为感性直观思维对人的本质的把握。在马克思看来，人的本质是在实践基础之上所形成的一切社会关系的总和，正是以实践观点的思维方式来把握人的本质。从辩证法的角度来讲，这就是马克思的实践辩证法。

高清海在《"人"的哲学悟觉》中说到，对于哲学，"它的基点都是人，都是从人出发，都是为了理解人，总之都和说明、回答人的问题有关"①。因此，高先生认为"人是哲学的奥秘"。"类哲学"的对象是人，人具有"自在"和"自为"的双重属性，而自为生命属性是区别于动物的根本属性。这一属性决定了人与世界的关系不可能是被动接受的关系，而只能是主动改造的关系，这体现出人的实践本能。但是这一思维方式对人的本质理解仍是物的思维方式，即物种逻辑。马克思说："可以根据意识、宗教或随便别的什么来区别人和动物。一当人们自己开始生产他们所必需的生活资料的时候，他们就开始把自己和动物区别开来。"② 高清海在此基础上进一步说明，动物是种生命的存在，而人却是类生命的存在。高先生称之为"类哲学的思维方式"，即"区别于物种逻辑的人性逻

---

① 高清海：《高清海哲学文存·续编》第 3 卷，黑龙江教育出版社 2004 年版，第 131 页。

② 《马克思恩格斯文集》第 1 卷，人民出版社 2009 年版，第 519 页。

辑"。"从实质上来说,类哲学的思维方式或人性逻辑说的是生命辩证法,其核心内容是类生命基于、包含而又超越种生命的本质性一体关系及其历史的和辩证的发展。"①

那么,高清海对辩证法的理解在不同的认识阶段存在着逻辑上的推进。如他自己总结的,初识辩证法,仍没有摆脱本体论的理解范畴,之后从认识论理解辩证法,并撰写了大量的论文为辩证法"正名",再"经过实践论才达到人学的理解",也就是提出了"实践观点的思维方式"来理解人的本质,我们称作实践辩证法。最后,经过类哲学对人的本质的重新诠释,最终达到了生命辩证法。这样,通过高清海的人学的发展,实践观点的思维方式终于过渡到了类哲学。因此,从实践观点的思维方式到类哲学,是存在着一个过渡阶段,就是对人的本质的理解,是从实践辩证法到生命辩证法研究的重大逻辑推进。作为最终成果的生命辩证法,被视为马克思辩证法的中国化发展,也成为当代辩证法研究的重要形态。

---

① 王福生:《高清海类哲学研究中的几个问题》,《吉林大学社会科学学报》2019 年第 5 期。

第三章 "实践观点的思维方式"的理论价值

马克思主义哲学所确立的实践观点，是人类思想史上的重大变革和超越，同时也是传统哲学向现代哲学转向的根本原因，实践观点的思维方式在哲学史上具有重要的革命性意义。20世纪80年代，在"实践标准"全民大讨论和"实践唯物主义"哲学讨论的思潮中，生成了"实践本体论""实践唯物论""实践生存论"等马克思实践观的创新性解读。而其中最具代表性的是"实践观点的思维方式"。高清海所提出的"实践观点的思维方式"正确解读了马克思主义哲学的真实内核和精神实质，为马克思哲学研究提供了一个全新而精准的科学认知和研究方式。高清海认为人的本质源于自身的实践活动，把人和自然理解为否定性统一关系，彻底摒弃了传统哲学非此即彼的两极对立的本体论思维模式，驳斥了其他理论观点对马克思哲学的错误认知和解读。高清海先生将"实践观点的思维方式"归结为马克思哲学革命实质，即以实践观点的思维方式取代和超越本体论思维方式。这种思维方式的变革具体体现在人们彻底抛弃本体论思维对本原的追求，而是回归现实的生活世界即人的实践活动中去理解人的本质、人与世界的关系，其中内蕴着人类探究自身及其所处世界的无限智慧，以及对哲学理论发展的巨大贡献。

一 揭示马克思哲学革命的实质

高清海正式提出"实践观点的思维方式"是在 20 世纪 80 年代末出版的《哲学与主体自我意识》一书中,并在中国学界的实践唯物主义大讨论中不断丰富和完善,直至成为一个成熟的理论观念。高清海认为:"对于马克思主义的实践观点,我们决不能把它看作仅仅是用来回答认识的基础、来源和真理的标准等认识论问题的一个原理,而必须把它看作马克思主义用以理解和说明全部世界观问题、区别于以往一切哲学观点的新的思维方式。只有认识到这一点,才能把握马克思主义哲学全部内容的实质。"① 可以看出,高先生所把握的马克思的实践观点,完全不同于旧有哲学理论的解读模式,他是以思维方式去还原和理解马克思的哲学内容和思想观念,这样的理解范式才能科学、精准、全面地把握马克思哲学的本来面貌,从而在哲学史视域内澄清马克思主义哲学应有的历史地位和价值。

(一) 从"哲学"变革到"哲学观念"变革

作为哲学史上的伟大变革与历史转向,马克思主义哲学不仅在实践的基础上超越了以往任何哲学,终结了唯物论和唯心论两极对立的思维模式,从而实现了哲学理论变革,更重要的是,马克思恩格斯将这一变革的成果作为共产主义运动的指导思想而付诸实践,实现了"哲学观念"的变革。这里所指的"哲学观念"更带有社会观念和意识形态的意蕴。由"哲学"

---

① 高清海:《高清海哲学文存》第 1 卷,吉林人民出版社 1997 年版,第 114 页。

变革到"哲学观念"变革,是由哲学思维方式向社会意识形态的转变,是由理论思辨向社会实践的转变,是由哲学反思意义向社会历史意义的转变,体现了马克思哲学作为近代以来最高哲学成果的伟大理论价值和现实意义。但是在高清海所在的时代,本来应该直接复刻到中国的"哲学"变革却并没有实现,更没有带来由此产生的"哲学观念"变革,在中国哲学理论发展和经济社会发展实践上都没有起到应有的作用。出现这一现象的根本原因就在于我们并没有真正理解和把握马克思主义哲学的精髓。马克思以实践作为其哲学体系的核心内容和思维框架,颠覆了传统本体论思维方式。而在几乎整个20世纪后半叶,我们对马克思哲学的理解都只局限在本体论这一它本已批判并扬弃了的思维方式中,只是将实践作为一种理论观点去理解。用旧有思维方式去理解新的哲学理论,这显然会重新陷入或倒退回旧有理论思维当中,自然也不能用来指导社会主义建设了。因此,高清海等哲学家便需要承担起这个时代所赋予的使命,重新理解马克思主义哲学,还原马克思主义哲学的"本来面目",从而促进由哲学变革到哲学观念变革的历史推进,实现思维方式和社会实践的双重跃迁。

"实践观点的思维方式"就是在这一背景下提出的。高清海把实践观点理解为一种思维方式,认为马克思所确立实践观点的思维方式,就是马克思的哲学观,哲学革命在本质上就是哲学观的革命。传统哲学的本体论哲学观被马克思的实践观点的哲学观所超越,这一意义重大的哲学观的转变带有历史的必然性。因此,从哲学观变革的意义上讲,实践观点的思维方式就是马克思哲学变革的实质。高清海认为,"哲学观念的变革,从根本上说,就是理论思维方式的变革。变革理论思维方式,其实质和核心，则是变革传统哲学模式之中的理论硬核"[1]。高先生所讲的"理论硬核"就是指"凝聚着哲学所捕捉到的该时代人类对人与世界相互关系的自我意识，都贯穿着哲学家用以观察和说明人与世界相互关系的基本立足点和出发点，都体现着哲学家用来解决全部哲学问题、建构哲学范畴体系的独特的解释原则和方法论"[2]。具体来讲，马克思将实践观点作为其理论硬核去观察和解释一切问题，无疑超越了在"本原"问题上两极对立的哲学观，以实践观点去理解人与世界相互关系，就代表了一种超越传统派别哲学在原则立场上两极对立的一元思维方式。世界两重化矛盾的形成和化解都必然归结于人的实践活动，实践是理解自然世界与属人世界否定性统一关系的根本内容和唯一途径。马克思以实践观点的思维方式去理解人与世界的否定性统一关系，是将物质的本原存在与人的超越形态统一起来，扬弃了一直以来自然本体与精神本体的抽象对立，消解了客体性原则与主体性原则的互不相容。由此马克思的哲学观就确立了一个本质区别于传统哲学观的崭新的逻辑框架和思想理路。"马克思的实践观点的思维方式表达和塑造了新时代人类的自我意识，从理论硬核上变革了以往的哲学观念，我们要从理论硬核上去探索和扩展马克思所实现的哲学革命，才能在当代的水平上推进哲学观念的变革，使人类的自我意识升华到更高的境界。"[3] 因此，从哲学观念变革的角度来讲，对于马克思哲学革命而言，从实践观点的思维方式这一理论硬核去理解、去"探索和扩展"，才能从根本上变革人们旧

---

[1] 高清海：《高清海哲学文存》第 1 卷，吉林人民出版社 1997 年版，第 155 页。
[2] 高清海：《高清海哲学文存》第 1 卷，吉林人民出版社 1997 年版，第 153 页。
[3] 高清海：《高清海哲学文存》第 1 卷，吉林人民出版社 1997 年版，第 164 页。

有的本体论哲学观念。以上观点说明，实践观点的思维方式的创立，将马克思哲学理论置于一个全新的基础上，实现了哲学观的根本变革。

（二）从"解释世界"到"改变世界"

众所周知，马克思1845年写的《关于费尔巴哈的提纲》是马克思的天才世界观萌芽的重要标志，在这篇文章末尾的第11条，马克思提出了他经典的命题"哲学家们只是用不同的方式解释世界，问题在于改变世界"①。用高清海的话讲，"在这里就十分清楚地体现了，马克思实现的哲学变革首先的和根本的是哲学维方式的转变。……这句具有纲领性质的话表明，马克思哲学与以往哲学区别，根本的是在对待世界的态度、看待世界的方式的变化"②。也就是说，马克思追求的"改变世界"所实现的思维方式的转变才是马克思哲学革命的根本实质。进一步讲，这一命题逻辑蕴含着两个方面的内容：其一是以"解释世界"和"改变世界"的内在原则和基本题域来划分传统西方哲学与马克思哲学的根本区别；其二是"改变世界"实际上蕴含着实现了"解释世界"和"改变世界"的辩证统一，而辩驳了将二者绝对化、孤立化的片面理解。

首先，传统西方哲学实际上内蕴着一种以"解释世界"为本质特征和解释原则的理论范式，它根本性地规定着传统西方哲学中各个哲学的具体内容、表达方式和逻辑内涵。这种理论范式带有强烈的抽象思辨性，从而使它成为一个脱离了现实

---

① 《马克思恩格斯文集》第1卷，人民出版社2009年版，第502页。
② 高清海：《高清海哲学文存》第1卷，吉林人民出版社1997年版，第84页。

生活的封闭逻辑体系。这一自我封闭的体系导致"解释世界"成为传统西方哲学无法克服和扬弃的最高规定，由此产生了一个必然的结果，那就是它对于"改变世界"这一问题的忽视或无奈。这就更加清晰地说明了马克思的贡献在于对传统西方哲学自身无法逾越的本质缺陷的深刻揭示，并进一步提出"改变世界"的哲学观的革命性重建，以此来澄明与传统西方哲学的界限。这是我们理解和把握马克思哲学革命的关键问题。

马克思认为，"改变世界"的途径有且只有一个，那就是实践，换句话说，"改变世界"本身就意味着实践，即马克思所说的"革命的""实践批判的"活动。具体讲，这一世界观就是《提纲》第1条所指出的，我们对事物、现实、感性不能"只是从客体的或者直观的形式去理解"，还应该"把它们当作人的感性活动，当作实践去理解，不是从主体方面去理解"①。这一世界观是历史性的生成的，在马克思哲学诞生以前，致力于"解释世界"的思辨哲学是西方哲学的主导形式，而现代文明所带来的人类自由与解放的诉求呼唤着对思辨哲学的变革。而马克思"改变世界"的实践观点的出现，彻底变革了思辨哲学的思维方式。马克思至少在三个维度上变革了西方哲学"解释世界"的传统，实现了向"改变世界"的转向。首先，马克思彻底扬弃了传统西方哲学的"抽象存在"，将"实践"作为人与世界关系的本质来理解和把握二者的关系。传统西方哲学将自然、人以及历史作为抽象存在来理解，马克思通过"实践"理解人与世界的关系，从而实现了现实的回归，与传统西方哲学抽象思辨的形而上学彻底划清了界

---

① 《马克思恩格斯文集》第1卷，人民出版社2009年版，第499页。

限。其次，传统西方哲学并没有看到"本体论思维方式"束缚了人与世界关系的本质理解，马克思"实践观点的思维方式"超越了传统西方哲学本体论思维方式，成为哲学"改变世界"的内在的思维方式。最后，马克思在以"实践观点"思维方式重新理解人与世界关系的基础上，并非传统的抽象的思辨和批判，而是真正回到现实世界的革命斗争中，共同促进人类自由与解放的现实斗争和最高追求，真正意义上改变了不合理的现实世界。

在人类哲学思想史上，从"解释世界"到"改变世界"的跃迁，是思维范式的根本意义的转换，是解释原则的最深层次的变革，它标志了一种旧的哲学传统的终结，宣告了一种新的哲学理论的诞生。

虽然"解释世界"与"改变世界"是马克思用以区别西方传统哲学与马克思主义哲学的准则与规范，但是他却并没有否定"解释世界"与"改变世界"的双重理论功能，相反，马克思主义哲学认为二者存在着辩证统一的关系。即西方传统哲学并非只是在"解释世界"而从不"改变世界"，而马克思主义哲学也并非只是"改变世界"而不"解释世界"，二者并不是抽象对立、非此即彼的关系。比如，黑格尔就曾经支持过"改变世界"的观点，他说："主体在其自在自为的规定之有中所具有的自己的确定性都是自己现实和世界非现实之确定性。"① 列宁很重视黑格尔的这个观点，他解释说："这就是说，世界不会满足人，人决心以自己的行动来改变世界。"②

---

① ［德］黑格尔：《逻辑学》（下卷），商务印书馆 1981 年版，第 522 页。
② 《列宁全集》第 55 卷，人民出版社 1990 年版，第 183 页。

那种片面孤立地理解和割裂"解释世界"与"改变世界"关系的观点，必然与马克思哲学的精神实质大相径庭。一定意义上讲，马克思确实是放弃了解释世界的理论诉求转而致力于改变世界的现实追求。虽然马克思不屑于那种自我封闭的解释哲学，但马克思并未放弃解释世界的理论表达。如他所讲，"哲学家们只是用不同的方式解释世界，问题在于改变世界"①，在这里，他并未否定以"改变世界"的视角来"解释世界"的方式，而只是批判了那种一味抽象地解释世界而没有深入实践来"改变世界"的方式。事实上，任何哲学都不可能脱离解释世界的表达方式，或者说，哲学自身在本质上就涵盖着解释的维度，马克思哲学也不例外。马克思在无产阶级革命的人类解放道路上也不断将他的理论思索凝练为大量的理论文本，用以指导革命实践、构建思想路线、批判陈旧思想，这些都是对现实世界的解释和说明，同时也是革命实践的理论表达。这也就确证了即使是旨在"改变世界"的哲学，也必然逻辑地包含着"解释世界"的内涵，缺少了解释世界的认识论功能，改变世界的目的也最终无法实现。因此，马克思哲学在批判解释哲学的同时，又合理地将解释世界与改变世界结合起来，有力地说明了诸如资本主义和资本主义社会以及共产主义设想等现实世界的问题。

对于这一点，高清海曾有过明确的论述，"说旧哲学是解释世界的理论不是改变世界的理论，并不意味着以往的哲学家从未想过要去改变现存世界、毫无变革世界的意愿，这里的解释世界和改变世界，不是愿望问题，而是一个观点问题，亦即

---

① 《马克思恩格斯文集》第 1 卷，人民出版社 2009 年版，第 502 页。

理论的性质问题"①。为了说明这一点,高先生还列举了许多史料作为论据,如"在法国唯物论者看来,改变世界的任务在于解释世界,只要解释了世界,就会自然而然地改变世界,这就是'解释世界'的哲学理论所具有的基本特点"②。因此,从一般意义上讲,"解释世界"与"改变世界"存在着互为前提、互相制约的双重属性。"解释世界"与"改变世界"都是哲学与世界对话的方式,"解释世界"是哲学的表达语境和话语方式,也是"改变世界"的前提条件和思想准备。同时,"改变世界"是哲学的最高任务和终极关怀,也为"解释世界"提供了实践基础。马克思主义哲学就兼具这样的双重属性与功能,具体体现在马克思哲学的理论体系当中,比如变革哲学观念、批判资本主义、解释阶级斗争等具体理论,体现着"解释世界"与"改变世界"双重属性的内在统一。这是我们探寻马克思主义哲学革命实质的出发点。

(三) 从"本体论思维方式"到"实践观点的思维方式"

如果马克思的从"解释世界"到"改变世界"的命题是思维方式的巨大跃迁,那么高清海的从"本体论思维方式"到"实践观点的思维方式"的认识就是对这一命题最好的注解,也是对全部马克思主义哲学的最科学概括。马克思本人并未提及"实践观点的思维方式"概念,但他的"实践观点"已经事实上地贯彻在他所有的论述体系当中。高清海将实践观点归结为一种思维方式来理解,是完全符合马克思主义哲学的

---

① 高清海:《高清海哲学文存》第3卷,吉林人民出版社1997年版,第193页。
② 高清海:《高清海哲学文存》第3卷,吉林人民出版社1997年版,第194页。

理论实质的，从根本上揭示了马克思主义哲学革命的实质，避免了理论研究中惯常的将其仅作为哲学观点的片面理解，更有利于对马克思主义哲学本真思想的深入研究。

如前所述，西方传统哲学的运思逻辑和研究范式内在地表征着本体论的思维方式。也就是说，传统哲学所蕴含的思维方式，是在两极对立的思维定式中去理解和把握人与世界的关系，进而探索人的本质、解释和改变世界。这种本体论思维方式所表征的两极对立具体体现在思维与存在、主体与客体、主观与客观、现象与本质、自由与必然、自然世界与属人世界等范畴的对立与冲突。"这种哲学思维方式，具有二元对立、非此即彼、单一向度和形而上学的特点。其实质是一种本质主义、还原主义、独断主义、绝对主义和实体主义的思维方式。而由这种哲学思维方式所解释和建构的西方传统哲学，实际上就是一种哲学前定论、哲学还原论、哲学独断论、哲学绝对论和哲学实体论。"[1] 因此，运用这一两极对立的本体论思维方式所构建和发展的哲学理论和哲学体系，必然无法回答哲学的终极问题并实现哲学的最高愿景，而最终走向终结。

实践在马克思主义哲学中就是它的主要研究对象、最高主题，又构成了它的核心内容。而实践观点的思维方式就是客观上形成的构建马克思主义哲学体系的基本原则和基本逻辑。马克思哲学的"实践观点"，既是从思维方式上的"反本体论"的一种突破和重新解释，也是另辟蹊径地找到了两极对立的"中介"，从而克服了本体论思维方式的内在缺陷，进而从

---

[1] 蒋楼:《从"解释世界"到"改变世界"——论马克思在哲学范式上实现的历史变革》，东北师范大学，博士学位论文，2014年。

根本上变革了哲学思维方式。究其原因，本体论思维方式具有两极对立、单一向度的思维特征，而"实践观点的思维方式"就是针对这种"从两极对立关系把握事物本性的绝对一元化思维"去变革思维方式，从而超越了本体论的多个矛盾范畴的对立思维，实现了"从两极到中介"的思维转变。这种哲学思维方式根源于人的存在方式、生存方式和生活方式，其现实基础就是人的实践活动本身。本体论思维方式所没有解决的多重矛盾范畴的简单对立，在马克思所提出的"实践观点的思维方式"中得到最终统一，这种对立统一关系投射在哲学思维上，就呈现为马克思的"实践观点的思维方式"，并有力地变革了哲学观念，也就是从根本上改变了哲学的思维方式和世界观。

  因此，高清海认为，判定马克思哲学的标准也就在于马克思主义哲学的思维逻辑而非具体理论观点。他强调："哲学不应再去追求什么万物的终极存在，宇宙的永恒本体，人的不变本质之类东西，而应植根人的现实生活世界，从历史和现实的发展出发，按照'实践'体现的内在本性，突出人的主体性，发挥人的创造能力，以改变世界为根本目的的思维逻辑。判定是否属于马克思的哲学，就应以是否合于这一思维逻辑为准，而不在是否合于马克思说过的某句话或某个具体观点。即或把马克思的话背诵下来，如果背离了这一思维逻辑，那也很难算作马克思的观点。所谓的'坚持'或'发展'，也都在于这一思维的逻辑，坚持是坚持这一思维逻辑，发展也是发展这一思维逻辑。"[①] 因此，马克思主义哲学并非只是提供了具体的哲学观点、原则和方法，更重要的是，它为人类观察、解释和改

---

① 高清海：《高清海哲学文存》第6卷，吉林人民出版社1997年版，第382页。

变世界提供了全新的思维方式。这种思维方式的变革就代表了整个哲学发展史的变革，也就是马克思哲学革命的根本内容和实质。高清海先生反对那些以马克思所批判的本体论思维方式来理解马克思哲学，这显然不符合马克思的理论背景和内容实质，也必然会导致片面甚至错误的理解和解读。用不同的思维方式去考察同一个哲学文本，必然得到不同的结论。高先生认为必须还原马克思哲学的生成逻辑和思维方式，以马克思所运用的"实践观点的思维方式"来重新解读马克思主义哲学，一改先前本体论思维方式造成的误读错读，只有这样才能把握到马克思主义哲学的真谛。

总之，马克思哲学以实践观点为支点建立了其哲学理论体系，进而完成了哲学革命和观念变革，其意义绝不仅限于理论观点的推陈出新，更在于思维方式的根本变革。这也是高清海理解马克思主义哲学的实质内容和重要结论，对马克思主义哲学研究的转向与发展极为有益，切实变革了哲学观念和思维逻辑。

二 "实践观点的思维方式"与现代哲学变革的关系

从哲学史转向的视域考察，马克思的"实践观点的思维方式"实现了现代哲学的诞生与发展，在这个意义上，马克思无疑是现代哲学的奠基人。从哲学的演进过程来看，马克思主义哲学的诞生处在由传统哲学向现代哲学转变的关键点上，正是因为马克思开创性地提出并运用了区别以往的实践观点的思维方式，哲学才实现了这种转变。可以说，现代哲学的逻辑内核和基本原则，都是源自马克思的这种思维方式，这是一种旨在观察、思考、解决问题的思维逻辑，而非传统教科书和传统观念所理解的概念和原理的简单陈述或创造，或者固定僵化的理论体系。

按照高清海的观点，马克思"实践观点的思维方式"终结了哲学自产生以来的本体论思维方式，用历史的实践观点取代了"先在本质决定和本质还原"[①]的思维方式，从而改变了哲学理解世界、理解自身的根本思维。在一定意义上讲，高清海从拒斥形而上学、反本体论的维度来理解马克思哲学革命的做法与现代哲学变革确实异曲同工，比如在对一元论、本质主义等理论观点的否定和批判上就存在着很高的相似度。因此，高清海先生认为马克思哲学是现代西方哲学的起点。如他所讲，"适应人从古代（经过近代）走向现代，实现了从直观态度向实践态度、从先验思维向实践思维的理论转变，这就是马克思哲学变革的最本质的意义。从这一意义我们应该说，马克思的哲学开创了现代哲学的新纪元，马克思就是现代哲学的理论奠基人"[②]。而实践观点作为马克思从传统哲学向现代哲学转向的一个本质特征，承载着现代哲学的理论内核和思想精髓，为哲学发展提供了新的思路和视域。用高清海的话说："马克思提出的实践观点，为现代哲学的转向奠立了一个新的基础，也为哲学的进一步发展开辟了新的广阔的领域。"[③]

[①] 孙利天、孙旭武：《对马克思哲学革命的多重理解及思想意义》，《河北学刊》2009年第6期。
[②] 高清海：《高清海哲学文存》第1卷，吉林人民出版社1997年版，第85页。
[③] 高清海：《高清海哲学文存》第6卷，吉林人民出版社1997年版，第21—22页。

（一）现代西方哲学转向"现实生活世界"的哲学变革

在传统教科书哲学思想和研究中，为了凸显马克思主义哲学的地位和价值，现代西方哲学往往是作为批判的对象而出现的。现代西方哲学被人为地与马克思哲学对立起来，政治统治下哲学理论体系和哲学观念赋予了现代西方哲学的封闭角色，对待和审视它都具有批判的意味，结果导致现代西方哲学在中国并没有得到完整的理解和积极的传播。这一观点和做法显然是出自对现代西方哲学的片面的甚至错误的理解。事实上，无论理论背景还是社会背景，二者都面临并解答着同样的问题，在这个意义上存在着同一性。它们共同扛起"拒斥形而上学"的旗帜，二者的本质区别在于从传统哲学转向现代哲学的"中介"。马克思主义哲学以实践观点作为中介，从根本上批判了形而上学的本体论思维方式，实现了"实践转向"，而现代西方哲学的实证主义、分析哲学、解释学选择了以语言为中介，完成了"语言转向"。总之，如高清海所说："传统哲学转向现代哲学，从其思想本质来说，是哲学思维方式的一次深刻变革。现代哲学的兴起，也首先是发端于对这个本体论式的传统思维方式的冲击和变革上面。"[①] 也就是说，马克思的实践观点实现的是哲学向"现实世界"的回归，现代西方哲学也在同时转向"现实生活世界"，从这个意义上来看，二者是完全一致的。

哲学是对生活世界的反思，它的出发点和落脚点总是面向生活世界。生活世界或显性或隐性地规定了哲学的理论前

[①] 高清海：《高清海哲学文存》第4卷，吉林人民出版社1997年版，第243页。

提和基本取向。哲学也必然地将生活世界作为对象来探索和表达。但是哲学区别于一般的理论思想的意义，还在于在一定程度上脱离了生活世界而实现更高层次的观察和理解，从而在总体上解答整个人类的历史和时代课题。我们必须承认，哲学是源于实践并高于实践的，尽管在马克思那里，哲学被无限接近于生活世界的实践活动，但哲学自身的特性仍是无法抹除也不应被抹除的。无论哪种哲学派别、体系都或多或少会带有一定的抽象思考和理想表达，表现在哲学文本当中的生活世界必然与原有世界存在差异，虽然在哲学史上，这些理想形式的哲学文本不可避免地影响和遮蔽了后世对真实社会历史条件的判断和思考，但是总体来讲这并不影响哲学观念的表达和对生活世界的构建。因此，生活世界的改变带来哲学的创新与变革，现代哲学"面向生活世界"的转向也就是对生活世界的前提批判。

既然马克思主义哲学与现代西方哲学并非对立的关系，那么我们在整个哲学史上考察二者的地位和价值时就不能将它们割裂，而是从二者的相互关系中把握哲学的演进脉络和历史意义。实际上，马克思哲学的诞生就是对传统西方哲学进行反思的最新成果，也是最高层次的理论总结，因此，马克思主义哲学与现代西方哲学必然存在广泛的一致。20世纪西方哲学由传统到现代的转向的核心内容即转向生活世界，这是哲学表达时代精神的全新呈现，是哲学观念变革的全新表达。

刘放桐认为，"尽管西方现当代哲学派系庞杂，各派理论互不相同，但那些最有影响的哲学家大都以不同方式，在不同程度上把转向现实生活当作其理论的出发点或归宿"①。西方哲学家中，胡塞尔被公认为首先提出了生活世界转向，他认为生活世界是一个可在经验上直观的周围世界，"现存生活世界的存有意义是主体的构造，是经验的，前科学的生活的成果。世界的意义和世界存有的认定是在这种生活中自我形成的"②。他认为，生活世界的先验性显现于科学真理之前。但是他所谓的转向是从科学世界到生活世界的转向，而且也是对以往哲学的转向思想的总结和升华。在他之后，生活世界理论不断得到补充与发展，比如海德格尔的存在论、维特根斯坦的语言学、伽达默尔的解释学、哈贝马斯的交往理论、卡西尔的人类文化学、许茨的现象学社会学等。③ 其中，海德格尔在他的《存在与时间》中提出的"在世存在"（in-der-welt-sein）具有代表性。他认为，此在的基本存在状态就是"在世界中"，即在世。此在的核心是"在世存在"。"主体和客体同此在和世界不是一而二、二而一。"④ "如果没有此在生存，也就没有世界在'此'。"⑤ 由此基于存在论表达了生活世界的理解。维特根斯坦在后期的《哲学研究》中提出了"生活形式（生活方式）"，而将语言理解为中介活动，"想像一种语言就意味着想像一种

---

① 刘放桐：《马克思主义与西方哲学的现当代走向》，人民出版社 2002 年版，第 261 页。
② ［德］胡塞尔：《欧洲科学危机和超验现象学》，张庆熊译，上海译文出版社 1988 年版，第 81 页。
③ 杨魁森：《生活世界转向与现代哲学革命》，《吉林大学社会科学学报》2007 年第 5 期。
④ ［德］海德格尔：《存在与时间》，生活·读书·新知三联书店 1987 年版，第 74 页。
⑤ ［德］海德格尔：《存在与时间》，生活·读书·新知三联书店 1987 年版，第 431 页。

生活形式（生活方式）"①。在哈贝马斯那里，生活世界是交往所面向的世界，"交往参与者在已得到解释的客观世界、社会世界和主观世界中找到它们之间的联系"②。等等。

西方马克思主义学派将社会批判深入生活世界，旨在走出当代人类生活的困境。可以看出，现代西方哲学虽然试图突破传统本体论思维而拒斥形而上学，但在具体的视角和方法上却林林总总、观点不一。那么，生活世界理论就成为现代西方哲学的全新主题，再次将分散的理论观点凝聚起来，有力地推动了哲学的时代发展。

高清海认为："现代西方哲学从生活世界的变革中获得了新的生活世界的根基，并在对旧哲学的拆解和解构中，重新获得对生活世界的哲学理解。从观念转向语言，从科学和理性转向文化，从逻辑转向体验或原始经验，是现代西方哲学转向生活世界的不同途径，这些转向共同地显示着生活世界的优先地位。"③ 这一观点揭示了现代西方哲学转向的本质内容和历史意义。对于这一转向的理解，他分别从三个方面加以概括：其一，作为科学解释的哲学已经终结，具体的实证科学接替哲学来解释世界；其二，转向生活世界的内在要求不仅是拒斥传统形而上学，而且也是对科学技术的新专制和统治一切的自然科学思维方式的反抗；其三，哲学所表达和呈现的归根结底是生活世界的变化，也就是说，现代西方哲学"转向生活世界"其实是生活世界自身变化的理论表达。

---

① ［奥］维特根斯坦：《哲学研究》，李步楼译，商务印书馆2000年版，第12页。
② 夏宏：《面向生活世界的社会批判理论》，中国社会科学出版社2011年版，第66页。
③ 高清海：《高清海哲学文存》第6卷，吉林人民出版社1997年版，第52页。

在此基础上进一步分析可以看出，由传统向现代的哲学转向主要是思维方式的根本转变。高清海说："现代哲学在反对形而上学名目下，从根本上否定了传统的本体论模式，它的总的口号就是：'拒斥形而上学'。在这里'形而上学'代表着传统哲学的理性独断主义、绝对一元主义、先定本质主义和客体决定主义。反形而上学是现代哲学运动的普遍思潮，不论哪一个派别，也不论它们之间有着怎样的分歧，只要它们把矛头指向传统哲学，首先都是从否定传统意义的'形而上学'发端的。"[①] 传统哲学在本体论思维方式下将世界本原作为终极追求的价值和意义，而现代哲学最为关切的人的生存、人的本质等问题在传统哲学那里被忽视和遮蔽了。现代哲学的重要贡献就在于重新思考了社会现实中人的生产方式和生活方式，人的生活世界被置于核心和首要的地位，从而深刻影响与变革了人们的思维方式。现代西方哲学虽然流派众多、观点各异，但是它们在"拒斥形而上学"的口号下正作为一种强大的力量影响着人们的价值观念和思维逻辑。将现代哲学纳入马克思主义哲学研究的参照体系里，对于丰富和延展马克思哲学的理论内容具有重要意义。

（二）"实践观点的思维方式"：传统哲学向现代哲学转变的实质

高清海先生认为，马克思的"实践观点的思维方式"所实现的理论变革，构成了传统哲学向现代哲学转变的实质。在此基础上，马克思主义哲学终结了传统西方哲学，开启了现代

[①] 高清海：《高清海哲学文存》第4卷，吉林人民出版社1997年版，第243页。

西方哲学。如前所述，现代西方哲学变革的主题是由形而上学向"现实生活世界"的转向，而转向现实的生活世界也是理解马克思主义哲学革命变革的实质。按照海德格尔的观点，马克思实现了对形而上学的颠倒。从生活世界的意义来理解这一"颠倒"的含义，就是通过现实生活对传统本体论的克服与拆解，它最早表征了现代哲学的精神实质。

19世纪后，由于科学技术的进步，社会生活各个领域都取得了重大的发展，人们思想的解放要求理论上的变革，在这样的历史条件和背景下，哲学实现了传统哲学向现代哲学的重要转变。现代哲学的提法旨在区别于两千多年的传统哲学，主要是指19世纪中后期到20世纪以来的哲学理论。从传统哲学走向现代哲学发生了根本性的变革，不仅是哲学观点、哲学研究的对象、主题以及研究方法发生了重大改变，还直接影响和改变了人们对哲学的地位、功能等方面的看法。西方哲学的根本性转向始于19世纪中叶，哲学的表达方式、思维方式、研究方法等都产生巨变。并非如传统教科书所贬斥的那样，事实上，现代西方哲学也如马克思一样察觉到传统哲学脱离了人的现实生活，所以才会"拒斥形而上学"。但遗憾的是，现代西方哲学仅仅是对传统哲学进行了简单的否定，但从如何克服传统哲学的意义上却难以自圆其说，并没有从根本上割除本体论哲学的弊端，根本原因就是现代西方哲学没有从实践、从人的现实任务出发去理解。按照马克思的观点，"理论的对立本身的解决，只有通过实践方式，只有借助于人的实践力量，才是可能的；因此，这种对立的解决绝对不只是认识的任务，而是现实生活的任务，而哲学未能解决这个任务，正因为哲学把这仅仅看作理论的任务"①。也就是说，哲学问题只是对现实世界问题的抽象反映，哲学自身解决不了哲学问题，那便又回到思辨的道路上，而必须回到现实生活的改变和革命的实践活动。进一步说，现代西方哲学虽然否定了传统哲学但始终未能完成超越的根本原因，就在于现代西方哲学始终没有意识到，传统哲学脱离人的现实生活的更深层原因并不是它自身的理论问题，而是表征着时代的现实问题。故此，对人的现实问题的反映和反思，才是哲学理论变革的必由之路，也是现代哲学变革传统哲学的根本方案。

传统哲学总是试图追寻一种对世界的终极解释和统一答案，相信世界存在着本体和本原，以解释本原来解释世界，这实际上是毫无意义、不切实际的理论幻想，从根本上就是运用本体论思维方式的经院的思辨哲学，它所表征的是完全脱离了现实世界的抽象意识。马克思说："在思辨终止的地方，在现实生活面前，正是描述人们实践活动和实际发展过程的真正的实证科学开始的地方。关于意识的空话将终止，它们一定会被真正的知识所代替。"② 由于马克思是从"现实生活"出发去理解传统哲学的，因此他对传统哲学的批判就不是具体观点的批判，也不是最终结论的批判，而是对传统哲学的思维方式、表达方式和研究范式的批判。

在对传统哲学的批判过程中，改造世界的哲学目标，为无产阶级解放提供思想武器的哲学使命，实践辩证法的研究方法等都表明一种哲学方向的转变。在马克思那里，哲学的意义和目的已

---

① 《马克思恩格斯全集》第 3 卷，人民出版社 2002 年版，第 306 页。
② 《马克思恩格斯文集》第 1 卷，人民出版社 2009 年版，第 526 页。

经脱离了解释世界、解释本原的思维层次，而转向了改变世界、改变人的生存状态的更高追求，即无产阶级和人类解放的哲学愿景。马克思的哲学属于为改变世界而斗争、为理想社会而奋斗的人们，而非一味地探求现象背后的隐蔽本质的思辨理论。

那么，马克思哲学是怎样实现从传统哲学到现代哲学的变革的呢？实践观点的思维方式的创立，为我们理解人、理解世界以及全部哲学提供了一个新的理解方式，马克思哲学理论的价值也体现于此。马克思哲学之所以能够揭示传统哲学的思辨本质，批判本体论思维方式，开启现代哲学的全新模式，就在于马克思哲学将哲学思考的方向转向了现实世界的人的实践。"一言以蔽之，从抽象化的人回到具体的人，从远离现实的彼岸世界回到现实的生活世界，从单向性、绝对性、一元化的思考方式转向辩证的、矛盾和开放的思维方式，这就是马克思的'实践思维'所实现的理论变革，同时也构成了传统哲学向现代哲学转变的实质。"[①] 也就是说，只有从思维方式的转变上去把握哲学转向的意义，才能从根本上理解传统哲学转向现代哲学的实质，才能真正体悟马克思哲学在哲学史上的重要变革意义。

有一点需要说明，理解马克思哲学革命实质的一个方向，就是从现代哲学或后现代哲学中挖掘新的理论方向和逻辑理路来重新理解马克思哲学，包括西方马克思主义或其他学派的理论参照。这实质上是马克思主义哲学与现代西方哲学的对话，也是坚持和发展马克思主义哲学的重要路径。现代西方哲学拒绝传统西方哲学的思辨本体追求，试图反映、表达、回答和解

[①] 贺来：《马克思哲学的现代哲学品格及其当代性》，《东岳论丛》2004年第3期。

决西方社会的现实问题,而它所提出的解决现代西方社会问题的探索和理论建构大都不切实际。但是,虽然现代哲学批判传统哲学的切入角度、理论观点与马克思哲学有所不同,但是由于马克思也是汲取了旧唯物主义和辩证法等西方哲学的精髓,因此二者在本质上仍存在着内在的联系。因此,现代西方哲学的理论思想对发展马克思哲学研究具有重要的参考价值和启发意义,也可以说,现代西方哲学的发展与马克思主义哲学的研究是密不可分的。一方面,马克思哲学为现代西方哲学奠定了基本原则和研究基调,提供了以资本主义制度为批判对象的思维逻辑。另一方面,现代西方哲学所批判的现实社会问题,已经超出了马克思对具体的现代性症结的预判,是对马克思哲学的有益补充和发展。现代西方哲学与马克思哲学的互动,为马克思主义哲学的当代阐释和研判提供了新视域、新方法、新价值,是丰富和发展马克思哲学思想的主要途径之一。

三 "实践观点的思维方式"与当代中国马克思主义哲学研究和理论变革

如上,无论是现代西方哲学的众多流派,还是马克思主义哲学都共同反对传统的形而上学本体论,注重人的生活世界、生活意义和价值问题,这在根本上区别于传统西方哲学,是人类哲学思维的积极转向。高清海生活的时代,虽然与马克思所处的时代相隔经年,但是时代却赋予他们一个相同的任务:解放思想,破除本体论思维方式的束缚。高清海先生率先完成了这一历史使命,不但打破了教条主义和经验主义的限制,并且从根本上变革了传统本体论的思维模式,完成了通过改革哲学教科书体系来变革哲学观念的目标和任务。高清海先生漫长的学术人生有着清晰的主题和主线，他曾总结回顾自己的学术方向："一要走出苏联模式的哲学体系，重新建立马克思主义的哲学世界观体系；二要通过哲学观念和理论的更新，推动当代中国哲学的发展。"①可以看出，这两个研究方向或研究目标存在着递进的关系，显然高清海学术研究的终极目的在于后者，高先生以变革哲学观念、发展当代哲学为己任。但是，无论是第一个目标还是第二个目标，实践观点的思维方式都是贯穿始终的。因此，如果说实践观点是马克思哲学的精神实质，那么实践观点的思维方式就是高清海先生对当代中国哲学作出的伟大贡献。

（一）以变革思维方式重建马克思主义哲学体系

当代中国马克思主义哲学有其特殊的历史背景，20世纪80年代的中国哲学，处于改革开放的先进思潮与教条片面的传统思想相互碰撞的特殊时期。在这一时期，对马克思主义哲学革命的理解和把握显得尤为重要，正确理解马克思哲学革命的实质就能正确把握马克思哲学的精神实质，因此，这一内容成为当时马克思哲学研究的核心论域。由此也产生了多元化的研究视角和研究范式，呈现出了多种不同的马克思主义哲学的面孔。也正是在这样极为特殊的历史条件下，才孕育了高先生自我超越、不断创新的学术精神。高先生意识到必须从根本上变革思维方式，以马克思的思维方式理解马克思主义哲学才能真正领悟马克思主义哲学，以马克思的思维方式指导社会主义

---

① 高清海：《找回失去的"哲学自我"》，北京师范大学出版社2004年版，第2页。

实践才能摆脱"左"倾思想的束缚，真正实现社会进步和人的发展。这一马克思的思维方式就是具有开创性变革意义的"实践观点的思维方式"。对新成立的中国而言，在政治、经济、文化、军事等多个领域对苏联存在着一定的依赖，这是由特殊的历史原因和国际背景导致的，而且新中国成立后愈演愈烈的"左"倾思想也将苏联的教条主义纳入我国的主流意识形态当中。这主要体现在以斯大林"论辩证唯物主义和历史唯物主义"为蓝本的"传统教科书哲学"，几乎成为不可置疑的经典权威和统一标准。它在很大程度上长期封锁了我国对马克思主义的理论视野，扼制了我国对马克思主义哲学研究的发展，甚至也对中国社会主义建设和改革开放造成了思想上的障碍。因此，高先生意识到，无论对于马克思哲学的发展还是对于社会主义建设的深入，都必须摆脱这种限制和束缚，而摆脱的方式必然就是教科书改革所带来的思维方式的变革。

实践观点的思维方式对马克思哲学发展的重要作用体现在从根本上革新了思维方式，从而在促进和完善马克思理论体系的同时，可以正确运用马克思主义的理论和方法去发现和解决现实社会问题。马克思哲学能够消除唯物论和唯心论两极对立的根本原因，就是在根本的思维方式上实现了统一，即统一于实践观点的思维方式。高清海先生开创性地对思维方式进行了合理的划分，他依据哲学思想的演进，将前马克思的传统思维方式划分为自然观点、存在观点、意识观点和人本观点的思维方式。他认为这些思维方式都归属于本体论思维方式的范畴，是本能地反映和反思现实世界的思维方式，而实践观点的思维方式却实现了对现实世界的自觉反映和反思。高清海先生从西方哲学史上指出存在观点、意识观点和实践观点存在着内在的关联，符合哲学发展的内在逻辑，而实践观点的思维方式是哲学思维发展演进的合理的必然的结果。高清海先生认为，实践被马克思发现并作为思维方式贯彻始终并不是偶然的，而是实践对属人世界和自然世界、主观与客观、意识能动与物质本原的关系的自觉统一，实践观点是西方哲学思维方式的逻辑必然和最终结果。

高清海先生将这些观点总结为"是否贯彻实践观点的思维方式，就应该是判定马克思主义哲学与非马克思主义哲学原则界限的基本依据"[①]。从中可以看出，在长达近半个世纪的教科书改革的漫长过程中，在对马克思哲学革命的长期探索中，高先生不断沉淀与创新，最终汇集为马克思主义哲学的判定依据。因此，马克思主义哲学之所以超越西方传统哲学，就是因为运用了超越本体论思维方式的实践观点思维方式来观察和解决一切哲学理论和现实问题，由思维方式的根本改变引起一切理论观点的彻底变革。正是在这样的思维方式的转换中，高清海将"实践观点的思维方式"确立为自己的哲学观，并实现了对中国马克思主义哲学体系的重新构建。

（二）以变革哲学观念推进马克思主义哲学发展

实践的观点是马克思哲学本身的概念，高清海先生的研究是实践意义的复苏和理解范式的创新，复苏的过程是赋予概念全新意义的过程。在整个人类思想史上，马克思首次将实践观点作为自己全部理论的基础和核心，从而使西方哲学从传统走

[①] 高清海：《高清海哲学文存》第 1 卷，吉林人民出版社 1997 年版，第 114—115 页。

向现代，但是传统的哲学教科书却并没有意识到实践观点在马克思哲学中的重要地位，错误地认为实践从属于认识论，简单地认为认识源于实践，或将实践看作检验真理的标准。随着改革开放和市场经济改革的深入，特别是"解放思想，实事求是"的方针渐入人心，传统的哲学教科书的本体论思维已经暴露出与现实生活的严重脱节，这样的哲学理论已经不适用于继续指导社会主义建设和人的全面发展，于是人们开始试图走出传统思维的固定模式，转换方式来重新理解马克思。而在对马克思哲学进行重新解读的过程中，人们逐渐意识到实践观点的重要性，并逐渐以实践观点为突破口来重新认识马克思哲学。走出传统思维模式的关键就在于必须还原到马克思本身的思维方式去解读马克思哲学，实践作为新思维方式被人们逐渐认知和接受。在这一过程中高清海先生起到了关键的作用，他批判了仅将实践看作具体哲学理论和观点的传统做法，而将实践观点作为思维方式来重新解读马克思哲学革命和马克思哲学的全部内容。高清海认为应该以实践为基础来重新理解马克思哲学，他认为马克思的实践观点不仅仅是为哲学理论增加了一个新的观点或范畴，而是具有思维方式的重大意义。

实践观点，不仅是马克思主义哲学自身的本质体现，马克思运用这一思维方式逐渐完善了他的哲学体系，而且也为人们提供了一种全新的科学的思维方式，从而实现了马克思哲学革命，这是区别于具体理论观点的根本性的变革。马克思哲学的产生实现了哲学理论的革命性变革，这种伟大的变革主要就体现在马克思哲学给人们提供了一种新的思维方式，而不是在于为哲学理论提供了某个新的原理、范畴或结论。实践当然不是马克思首创的，马克思之前的各种哲学理论，都曾对实践的概念内涵、内容范畴、功能意义等进行了阐述。因为它们都各自强调了实践活动的某一方面，因而具有一定的合理性，但是也正是因为这个原因，又使这些理论观点最终走向了片面。马克思哲学将实践观点作为观察一切问题的基础和出发点，超越了先前哲学的片面性，实现了思维方式的根本变革。"这种以实践观点去理解人与世界相互关系的思维方式，就是一种超越旧式派别哲学在思想原则上互不相容的思维方式。……马克思以实践观点的思维方式去理解人与世界的对立统一关系，就扬弃了哲学在'本原'问题上的自然本体与精神本体的抽象对立，超越了它们在思维方式上的客体性原则与主体性原则的互不相容，说明了它们从来没有解决的、由人的实践活动所造成的人对世界的生成和世界对人的生成的统一。"① 高清海先生精准地把握到了马克思的思想精髓，即从思维方式上理解实践，从思维方式变革重新理解和解读马克思哲学，这种研究范式不但颠覆了传统观念对马克思哲学的片面性解读，而且揭示了马克思哲学的精神实质，从而向世界展示了中国最具创新性的马克思哲学研究成果。

"实践观点的思维方式"是高清海先生变革哲学观念的集中体现和基本范式。以"实践观点的思维方式"为起点和前提，高先生逐渐将自己的哲学主题由实践转向人，进而提出了包括"类哲学"在内的一系列关于人的哲学思想。因此，在此意义上，高清海先生在改革开放的时代节点上，为我国哲学观念的变革作出了开创性、根本性的突出贡献，为实现"中华民族的思想自我"的历史使命提供了现实的可能。

---

① 高清海：《高清海哲学文存》第1卷，吉林人民出版社1997年版，第162页。

第四章 "实践观点的思维方式"的实践价值

　　高清海先生以"实践观点的思维方式"为基础构建的哲学思想具有极为重要的实践意义。高清海哲学思想内在地蕴含着哲学作为"时代精神的精华"和"思想中所把握的时代",从而引领着改革开放以来的哲学观念变革。哲学的本质和特性要求自身必须面向时代回应时代的重大课题。时代的变革具有整体性、共同性的特征,内含着社会、政治、经济、文化和意识形态等上层建筑的整体推进,尽管各个领域的变革在时间层面参差不齐,但最终会走向统一。然而,我们决不能割裂时代变革各个方面的关联,而应是将时代变革作为一个完全的整体来把握和理解。哲学既是时代感召下对现实世界的思想体现和理论反映,同时也是促进和推动时代发展的观念引领和思维导向。改革开放是中国时代变革的产物与特征,必然诞生新的哲学思想与其相适应。高清海提出"实践观点的思维方式",就是对这一时代精神的理论表达与积极回应。"就实践观点的思维方式而言,它的提出是针对着传统马克思主义哲学原理教科书体系对马克思的不恰当理解,而传统教科书的理解在实际上充当着社会主义计划经济体制的意识形态基础,因此它的提出一方面是对马克思主义的理论上的正本清源,另一方面是对适应变化了的社会历史条件而实际出现的社会主义市场经济体制的理论论证。"① 因此可以看出,"实践观点的思维方式"是高先生面向中国社会发展实际,旨在推动社会主义市场经济发展而提出的思想。这一点在高先生随后发表的一系列关于哲学观念变革的著述中也可以得到清晰有效的说明。

一 符合改革开放与市场经济建设的时代需求

面向现实、面向时代,是哲学研究自觉的价值追求和理论归宿。要说明市场经济与"实践观点"的关系,至少包含两条线索:一是市场经济的出场本身就是实践的过程和结果,是人在实践过程中所产生的社会历史性的必然存在;二是市场经济与"实践观点"的本质含义的出发点和归宿都是人,市场经济的目的是促进人的独立解放,实践是人的存在方式,因此二者存在着一个天然的中介,那就是人。"人是怎样存在的,人用来表达自我本性的哲学理论也必然是怎样的。存在方式、生活方式决定着观念方式、思维方式。"② 从"实践观点的思维方式"提出的背景来看,当时市场经济体制改革方兴未艾,市场经济逐渐成为现代经济的基本形式,此时的"实践"的含义必然延扩了市场经济形式,它就是"现实的人"的存在方式。从这个意义上可以说明,"实践观点的思维方式"是完全符合改革开放与市场经济建设的时代需求的,或者说它就是为了迎合和推进这样的时代发展而创立的理论思想。

---

① 王福生、贾云飞:《实践哲学视域下的高清海哲学》,《求是学刊》2020 年第 5 期。

② 高清海:《高清海哲学文存》第 2 卷,吉林人民出版社 1997 年版,第 202 页。

(一) 市场经济的历史必然性

对市场经济的历史必然性存在着两种错误的认知：一种观点是将市场经济等同于资本主义，既然资本主义制度存在着可以跨越的"卡夫丁峡谷"，那么市场经济自然也是可以跨越的；另一种观点认为社会主义国家根本不需要市场经济，也就是说市场经济是不必出现也不必跨越的，如今的某些社会主义国家依然固执坚守计划经济体制。对这一问题高清海的观点十分明确："市场经济在人的发展，在社会形态的演变当中，究竟占什么样的地位，起什么作用？市场经济不单是个经济问题，它是社会的基础问题。关于市场经济，我们不论从哪个角度说明，都能得出一个共同的结论：就是市场经济是人类或社会发展不能超越的、必须经历的一个发展阶段，市场经济的作用是别的经济形态、经济体制、经济制度无法代替的。"[①]

1. 市场经济体制改革的历史实践

如前所述，早在 20 世纪初期，马克思主义便开始在中国传播，并作为我国民主革命的指导思想得到确立和发展，更是在社会主义的建设和发展时期成为科学信仰与核心价值。然而，从早期的发展来看，这一理论在中国传播的客观条件却有所欠缺，导致我们从初识马克思理论到真正了解它的理论精髓用了半个多世纪的时间。近代以来，我国落后的生产力和生产方式使自然经济成为农村主要经济形态，城市也只有落后的小工业生产和小商品经济。适应这种自然经济形态的经济体制也只能是计划经济体制，而市场经济的长期缺席，才是我国经济

[①] 高清海：《高清海哲学文存》第 2 卷，吉林人民出版社 1997 年版，第 216 页。

落后的根本原因。市场经济的出现与发展是历史的必然，在它出现以前，包括经济、文化、政治等在内的一切社会生活都处于高度集中的计划状态，而更为严重的是，人们的意识形态长期被禁锢和鞭挞，"人"的生存和发展受到了极为严重的限制。人们的思想更多的是被小农经济下的小农思想和计划经济体制下的教条主义思想裹挟，即马克思所说的"狭隘地域性的个人"和"狭隘人群的附属物"的观念模式。缺少了市场经济环节所导致的思想落后又直接带来了政治灾难，体现在长期"左"倾思想的压抑和"文化大革命"的爆发。马克思所提倡的社会体制和生产关系，本应提高我国经济和社会的发展速度，但情况恰恰相反，由于市场经济的缺失和"左"倾思想的影响，社会主义的先进性不但没有被激发，而且被无限遮蔽了，最终导致共同贫穷、生存危机的"贫穷社会主义"。实际上马克思在《1844年经济学哲学手稿》中就批判过那种"原始的贫穷的社会主义"，邓小平也曾说"贫穷不是社会主义"，只是我们深陷误区而不自知。错误的意识形态与错误的政治状态相互纠结，长期的贫穷落后并没有带来意识思想上的彻底振奋，而是衍生了"文化大革命"这样的政治浩劫，在此过程中又将"左"的思想错误推向顶峰。这种状况一直持续到改革开放。

直到十一届三中全会后，国家确立了我国改革开放的发展道路，"解放思想，实事求是"重又成为指导一切工作的思想路线，"解放思想，实事求是"是马克思的实践观点在中国特殊背景下的具体阐释与科学论证。这一思想指导下国家将工作重心转移到经济建设上来，确定了建立社会主义市场经济体制的方针。市场经济取代计划经济所带来的变革，是一场从经济体制到整个社会生活的全面而深刻的变革。在市场经济的理解域里,计划经济代表着传统、落后和禁锢,事实上计划经济在新中国成立初期对国民经济和社会的恢复及建设作出了重大贡献,面对生产力落后、物资匮乏、政权不稳和国际压力等现实条件,统收统支、指令计划的经济体制是完全符合当时的历史现实而被选择的。这一经济体制最根本的弊端便是全面禁锢了人们的思想观念,这与当时西方国家的自由解放的现代思想大相径庭。因此计划经济体制向市场经济体制的转轨,也是符合我国国情的历史必然。这一经济体系转轨,要求政治、经济、文化、意识形态也必须随之变化,是从经济基础到上层建筑的全方位变革。实际上,改革开放的历史实践已经证明了,市场经济无疑是正确的历史抉择,经济转轨改变了我国社会生活的基本面貌,思想解放促进了个体的全面发展,带来了如今中国的举世繁荣。市场经济的出场,代表了最具变革性的时代特征,同时也是不可逾越的历史发展阶段。中国市场经济的确立,虽然晚于西方国家100余年,却展示出了举世瞩目的发展速度与完善程度。

中国市场经济改革的历史实践证明,市场经济对于人类和社会发展具有不可超越性,是历史的必然的存在。而由计划经济体制向市场经济转轨的过程中,最难克服的关键在于观念的变革,人们在计划经济时期长期形成的固有思想必然需要同样漫长的时间进行转换。而计划经济时期所形成的特有的哲学理论,是计划时代的精神呈现,是计划经济体制主导下的意识衍生品,同时也是非常重要的马克思主义教育与传播途径。同样地,马克思对市场经济的经典论述也是我们在建立和发展市场经济中的必经之路。基于这样的理解,高清海致力于运用马克思的实践观点进行哲学教科书改革,从而变革哲学观念和人们的固有思想观念。

2. 马克思"三形态论"的解读

在马克思《1857—1858年经济学手稿》中,马克思针对社会形态的历史演进提出了著名的"三形态论","人的依赖关系(起初完全是自然发生的),是最初的社会形式,在这种形式下,人的生产能力只是在狭小的范围内和孤立的地点上发展着。以物的依赖性为基础的人的独立性,是第二大形式,在这种形式下,才形成普遍的社会物质变换,全面的关系,多方面的需求以及全面的能力的体系。建立在个人全面发展和他们共同的社会生产能力成为他们的社会财富这一基础上的自由个性,是第三个阶段。第二个阶段为第三个阶段创造条件"①。具体来讲,这三个阶段分别是农业自然生产、手工业商品生产和工业的产品批量生产。这三个阶段的变更是由社会生产力和社会技术条件决定的,每一个阶段都为下一个阶段提供思想条件和物质基础。其中的第二阶段即市场经济阶段,是当前社会历史条件的产物,而第三阶段即马克思所构想的共产主义阶段,主要特征是发达的生产力、丰富的物质财富、按需生产和分配的社会体制。马克思三大社会形态理论不是抽象、空洞的理论,而是立足于现实和历史的理论。改革开放的伟大实践已然证明,无论历史还是现实的原因都无法绕开市场经济的环节,这是我国解放和发展生产力的迫切需要,也是满足人们的物质文化需要和实现美好生活的迫切需要。

市场经济作为人类社会发展无法跨越的经济形式和体制,

---

① 《马克思恩格斯文集》第8卷,人民出版社2009年版,第52页。

也是由社会生产力和社会分工所决定的。而这里所说的生产力与社会制度是决不能混为一谈的。在马克思那里，由于"卡夫丁峡谷"的存在，某些国家可以由封建社会直接建立和发展为社会主义社会，而不必经历资本主义社会。然而事实上，代表着先进生产力的市场经济却决不能跨越，也无法跨越。按照马克思提出的"三形态"理论来理解，由市场经济发展而促成的经济增长并不是最终目的，包括市场经济在内的经济社会体制的最终目的只能是人的全面发展。一方面，人类发展经济的最高目标集中体现在人的全面发展；另一方面，人的发展的程度和范围又是考量经济发展的标准。因此，我国建立和发展市场经济体制，应该理解和把握马克思"三形态"论的深刻内涵，并立足于现实的生产力条件，努力创造物质财富进而满足人们的物质文化需要，从而全面促进人的解放与发展。

如果我们进一步深入考察马克思的"三形态论"内在的逻辑内涵，可以看出，马克思所说的"以物的依赖性为基础的人的独立性"就体现在市场经济的建立和发展中。由于社会分工的不断完善而形成的市场经济，变革了人与人的社会交往方式，即由人身依赖转变为对物的依赖，由自然联结转变为金钱关系。这也是市场经济成为人类社会发展的必经阶段的主要原因。在这种新的交往方式中，社会关系已经克服了自然人身的束缚，传统社会中人的价值和地位的决定因素，只能依赖于出身和血缘等自然禀赋，而市场经济所变革的交往形式，使人的价值和地位被重新定义和评价，即由自身劳动创造的物化关系取缔了自然禀赋的人身关系，由听天由命式的自然依赖转向劳动创造的自我依赖。这种取缔和转向彻底地解放了地域或血缘对人的交往方式的局限，首次联结了人与人广泛的社会关系。

此外，按照高清海的观点，市场经济条件下，人与人的关系从自然从属的等级关系变为相互联结的平等关系，同时也意味着突破了社会关系对人的先天束缚，赋予人以更大的主动性和能动性。这就是高清海所理解的市场经济的积极意义。

当然，作为人类社会经济形式的探索性历史演进，市场经济也必然存在着局限性，市场经济的缺陷是显而易见且不可避免的，但这却不能抹杀或削弱它在人类社会进步进程中发挥的巨大积极作用，无论它被应用于哪种社会形态。高清海指出，"在市场经济活动中，由于利益的分离和相互的竞争，必然使个人向两极分化；相对固定的社会分工也会使个人向片面化方向发展；对金钱，财富的追逐交易把人变成金钱的奴隶而陷入'货币拜物教'。这些是这种经济形式的局限性"[1]。市场经济的局限决定了它无法成为人类社会发展的高级形态，因此马克思的三形态理论将市场经济置于第二发展阶段，而非最终形态。但是第二大形态的内容却恰恰是马克思三形态理论主要表述的核心内容。

显然，按照马克思"三形态论"的内在逻辑，并结合我国社会发展的具体国情，可以明确地知道，只有市场经济的建立和完善，才能将经济体制与我国的生产力条件科学匹配，从而为实现现代化提供现实基础，为生产力的迅速提升提供体制保障。如果从马克思的"三形态论"来分析我国的社会形态，我国所定位的"社会主义初级阶段"，实际上是由第一大社会形态向第二大社会形态的转向阶段，即从自然经济向市场经济的过渡阶段。我国的市场经济体制还并不完善，社会经济发展

---

[1] 高清海：《高清海哲学文存》第 2 卷，吉林人民出版社 1997 年版，第 201 页。

需要更加成熟的市场经济观念和体制。因此，高清海说："我们决不能以二元的观点去认识社会主义与市场经济，而应当把市场经济看作社会主义生存和生长的基础，从发展市场经济中去建设社会主义，按照社会主义的方向去推动市场经济的发展。"① 市场经济已被人类历史证明是快速发展生产力最行之有效的方法。这样，高清海就通过对马克思三形态论的重新解读，并回归客观的社会历史条件的重新审视，进而揭示了市场经济的不可超越性，从而在理论上和观念上维护了市场经济的主体地位，即"建立以商品经济为经济本体结构的有调节的社会主义市场经济"的经济发展目标。

（二）市场经济与人的主体性

如上观点，按照马克思"三形态"理论所揭示的市场经济的历史意义，"个人的独立性是在第二大形态即市场经济的发展阶段形成的，这个阶段一方面促使家长制的、古代的以及封建的等级依附关系走向瓦解，同时又为在个人全面发展基础上形成具有自由个性的人即第三个阶段的到来准备了条件，这就是它的历史作用，在这个意义上，市场经济就是人的发展中一个不可缺少的必经阶段"②。从这里可以看出，对市场经济的理解内含着对人的理解，即市场经济与人的主体性有着本质的内在的关联。

1. 人的主体性的遮蔽与显现

在纯粹的"自然经济"主导的现实生活里，社会分工取

---

① 高清海：《高清海哲学文存》第2卷，吉林人民出版社1997年版，第213页。
② 高清海：《高清海哲学文存》第2卷，吉林人民出版社1997年版，第202页。

决于生理差异，社会生产力取决于身体差异，生产资料取决于血缘关系，所有的社会关系就是依靠自然的地理关系、个体素质和血缘关系等建立和定位的。自然经济时期的个人一方面必须依赖自然纽带，另一方面必须依赖人群共同体的生存状态，因此马克思认为自然经济时期的个人并非"独立的个人"，而只是"一定的狭隘人群的附属物"，独立的个人是市场经济阶段的特征，换句话说，只有从自然经济过渡到市场经济的情况下，独立的个人才会生成。

在计划经济体制下，人的主体性、创造性和自由本性被压抑和抹杀，人丧失了独立意识和主体意识，用高清海的话说就是"失落了人"。他的观点是，"还有许多理论观点，是我们执行高度集中的计划经济体制的需要，也都把它改造过了，很多理论是马克思的思想，但是为了适应我们高度集中计划经济体制的要求，解释理解都不一样了，比如，物质这个概念，在我们哲学体系里边是最高的范畴，把它作为观察一切问题贯彻始终的出发点，这就意味着要把一切事物都还原回基本上是同体的存在，因为在始初的物质存在面前，大家都是一样，不分彼此、你我，如果说，在现实当中人们在吃大锅饭，在我们哲学理论里边也让人和动物在物质范畴下同吃一锅饭，在物质前提下人没有特殊性，重物抑人，失落了人"[①]。

这主要体现在如下几个方面。第一，计划经济与现代社会的脱节，导致了人依然不能脱离自然经济下人身依附关系和等级观念的束缚，这种狭隘的、片面的、固定的人与人的关系显然不能实现人所需要的普遍的社会交往。第二，计划经济体制

---

① 高清海：《高清海哲学文存》第2卷，吉林人民出版社1997年版，第230页。

下容易催生人的消极观念，从而打消人的积极性。人对自身价值的肯定、对他人认同的需求，只有在自身劳动的过程中才能获得和证明。但是计划经济条件下，以"大锅饭"为代表的平均主义无处不在，劳动自我遮蔽了肯定主体的机会和作用，而沦为一种可有可无的形式。这种管理和分配方式无疑助长了人们的惰性，人丧失了创造性，必然走向共同贫穷。第三，计划经济制约了人的全面发展。计划经济排斥市场、抑制商品交易，没有产生劳动创造的物化关系，人的地位取决于自然因素。特别是计划经济体制下的城乡二元户籍制度限制了人身权利，自身利益让渡于集体和国家利益，个人的主体地位、自我意识被压抑和控制，个人的发展受到多方面的制约。第四，计划经济时期只能以集体的形式界定人的身份和形象，人是集体中的人，人的行为和意识都被集体行为和意志所取缔。人基本丧失了主体性。直到市场经济的出现，才开始强调人的思想解放和独立自主。显然，计划经济扼杀了人的历史创造性和人的意识能动性，它所服从的自然社会历史发展的规律，实际上是用规律否定了一切自有和能动的主体规定。

1992年，邓小平在南方谈话中，提出了计划经济与市场经济绝不能等同于社会主义与资本主义的观点，指出市场经济只是手段，澄清了对市场经济的质疑。而党的十四大明确将社会主义市场经济体制确定为我国经济体制改革的目标。实际上从十一届三中全会后，经济体制改革的探索已经开始，这是改革开放实践的必然结果和重要成果。市场经济从体制改革到社会变革再到观念更新，经历了一个全面而又深刻的历史过程。市场经济的真正出场，表征着人的主体性、创造性和自由本性的释放。市场经济内在地规定着人的主体性，发展市场经济必然带来独立个人的生成。这就是高先生所说的"如果从哲学的视角去认识，我们就会看到，市场经济发展最为根本的意义就在于促进普遍的独立个人的生成，解放个人，推动人走上独立发展的道路，这就是它的主要历史性作用"①。

2. 市场经济与个人主体性生成

马克思认为，人的本质是一切社会关系的总和，个体总是生活在一定的社会之中。而"市场经济也就是市场化的商品经济，它是人们之间在高度分工基础上形成的一种新型的社会化的交往和联系形式"②。市场经济取代自然经济建立一种以价值规律为基本规律，以等价交换、平等竞争和利益调节为基本原则的崭新经济体制。在这个经济体制内，人的独立性被重新释放和展现出来，人具有完全独立的人格，也具有社会化的人格。伴随着市场经济的完善，人的主体性和独立性得到加强，人在这种新型的交往方式中获得了独立自主的人格。因此高清海说："从人的发展角度说，它的重大历史成就就在促进独立个人的形成。马克思所说的那种'世界历史性的、真正普遍的个人'就是只能生成于市场经济的条件。"③ 进一步分析其原因，一方面市场经济提供了摧毁自然经济的依赖关系的条件，打破了自然关系对人的发展的束缚；另一方面市场经济满足了建立劳动创造的物化关系的条件，人的价值体现在新的交往关系中，个人的独立性通过市场经济而生成并强化。这是市场经济区别于其他经济形态的主要特征和重要作用。

---

① 高清海：《高清海哲学文存》第 2 卷，吉林人民出版社 1997 年版，第 179 页。
② 高清海：《高清海哲学文存》第 2 卷，吉林人民出版社 1997 年版，第 198 页。
③ 高清海：《高清海哲学文存》第 2 卷，吉林人民出版社 1997 年版，第 199 页。

具体来说，在当代社会中，人的主体性主要是在市场经济中得以确立和发挥，理由如下。首先，市场经济满足了人的主体意识形成和发展的全部需求。个人作为独立的社会存在，在市场经济条件下得以解放其主体意识，并重获自由发展的空间。主体性的强化表现在：一方面，主体在市场经济环境下彻底摆脱了对他人的绝对依附关系，转而在个性化认同的基础上形成了合作、联结的社会关系；另一方面，摆脱由自然依附关系所产生的惰性思想，不断强化自身能力和追求自由本质，通过内在提升和自觉发展来确立和加强主体性。其次，在市场经济条件下，个体产生了新的社会交往实践，从而生成了主体意识。个体在不同的经济形态中呈现相应的主体意识，个体对自身地位和价值的认同也源于此，市场经济所展现的这种社会关系会不断强化主体认同，不断巩固主体的自由本性，使主体成为"真正的个人"。市场经济的出现在人们之间建立起前所未有的广泛而普遍的交往关系，在普遍的交往中"生活世界"的意义最终得以体现和完成。最后，人的主体性是从计划经济下的集体观念中蜕化而生的，是对集体主义的扬弃。计划经济体制下的土地和其他生产资料都归集体所有，集体主义、平均主义观念覆灭与消融了所有主体意识和自由个性。市场经济以等价交换原则彻底推翻了集体主义的构建根基，在平等、自由交往的基础上促进了人的主体性的形成，以最终实现现实的具体的个人的发展，进而推动社会和人类的进步。

（三）"实践观点的思维方式"与中国市场经济改革

如前所述，中国走向市场经济是历史的必然，是改革开放的必经阶段，也是独立个人生成的必然阶段。高清海提出的

"实践观点的思维方式",正是运用马克思哲学理论对中国现实的合理解释,是对人的解放和独立途径的有效答案。高清海先生对中国市场经济的理解,既切中了中国改革的核心问题,也创新了当代中国哲学研究中国问题的理论范式。"实践观点的思维方式"是市场经济改革的理论参与和思想介入,与为适应社会主义市场经济建设和发展的所有领域一样,对于中国市场经济体制改革贡献了不可或缺的推动力量。

1. 消解人们对市场经济的保守观念

计划经济时期,人们存在着一种对市场经济的误解,无论是社会主义的拥护者还是反对者,都将市场经济与资本主义混为一谈,认为市场经济是代表了资本主义的经济形态而与社会主义对立。当然这种对立并不是中国的特产,它自西方的空想社会主义那里就已经开始了。哈耶克(F·A·v·Hayek)就曾指出,资本主义有市场经济的竞争,社会主义有计划,计划和竞争本身具有姓"资"和姓"社"的问题,社会主义的计划经济是与"自由"截然对立、不可相容的。[①] 长期以来,这种对市场经济的错误理解深刻地影响着人们的思想观念,将社会主义的解放和贫穷等同于计划经济的专制,将资本主义的繁荣和矛盾等同于市场经济的自由。由于"左"倾思想的深远影响,教条主义盛行,反对者与西方媒体没有在马克思经典著作中找到市场经济的文本依据,从而将市场经济教条地理解为资本主义,市场经济成为资本主义的同义词,人为地将市场经济划定了社会形态的属性。这样,经过长期的意识传输与强

---

① [英]哈耶克:《个人主义与经济秩序》,邓正来译,生活·读书·新知三联书店 2003 年版,第 213—215 页。

化，人们已经产生了根深蒂固的错误观念：无论是计划还是市场，都具备社会形态属性，市场经济就归属为资本主义，社会主义与市场经济是水火不容的对立关系。

关于这一点，邓小平曾多次指出，"市场经济不等于资本主义，计划和市场都是经济手段"[①]。也就是说，市场经济的建立及发展与阶级形态、社会体制并非直接的因果关系，作为手段和工具的市场经济可以在社会主义制度下存在。已有的社会实践已经证明，市场经济形态是多元的，目前就存在着社会主义市场经济形态和资本主义市场经济形态，二者并不冲突。因此，市场经济并不具有阶级属性和社会形态属性，从而确证了市场经济并不等同于资本主义，市场经济资本主义形态只是市场经济发展历程中的一个特定历史阶段。换句话说，社会主义与市场经济是可以兼容的，二者在本质上并不矛盾，社会主义可以利用市场经济手段促进经济增长和社会发展，从而在观念上革除了教条主义思维方式带来的错误理解，并从历史维度开创了市场经济的新形态。

高清海所提出的实践观点的思维方式是与"解放思想，实事求是"的思想路线完全契合的。"实践观点的思维方式"所关注的是现实的人和现实的世界。它认为马克思把实践看作人的存在方式，人就不再是一个抽象的主体，而成为"现实的个人"，"现实的个人"就是从事实践活动的人，就是"他们的活动和他们的物质生活条件"[②]。而将市场经济作为社会主义的异己物的观念就是本体论思维方式的体现，教条地将马克思

---

① 《邓小平文选》第 3 卷，人民出版社 1995 年版，第 373 页。
② 《马克思恩格斯文集》第 1 卷，人民出版社 2009 年版，第 519 页。

的经典论述片面地、孤立地去理解，而本体论化思维正是高清海"实践观点的思维方式"所摒弃和批判并以此立论的基础。因此，"实践观点的思维方式"的适时提出为消解人们对市场经济的保守观念和错误认知提供了理论支撑，也侧证和支持了邓小平关于市场经济的理论体系的正确性。

2. 捍卫市场经济的地位

"实践观点的思维方式"对市场经济主体地位的捍卫主要体现在它在一定程度上抵消了市场经济的负面影响，从观念上维护了市场经济的地位。在由计划经济体制向市场经济体制转轨的过程中，作为新生体制的市场经济的基本地位并不牢固。这主要是因为市场经济在促进生产力发展、带来各项改革红利的同时，也带来了影响其自身发展的负面作用。这本身也是符合马克思辩证法思想的现象。这种负面作用表现在以下几个方面。

第一，转轨时期，计划经济并未及时退出历史舞台，甚至对抗和抑制市场经济，这就如资本主义遭受封建社会的对抗一样，是合理的过渡期。市场经济作为新的生存方式和思维方式的出现，导致新旧价值信仰的冲突和社会生活的堕落。究其原因还是固有观念的顽疾和思维方式的僵化导致的。第二，剩余价值的私人占有和过度追求所呈现的逐利和剥削现象。在由计划经济向市场经济转轨时期，存在着体制缺陷和投机空间，特别是由管控不力带来一定的剥削行为，为市场经济的发展带来一定消极影响。第三，市场经济体制建立初期并不十分规范，重又出现一定程度的不公平竞争、腐败滋生、道德失范和其他社会矛盾的激增。第四，市场经济所带来的外来文化的冲击，表征着西方发达资本主义国家对落后的东方社会经济社会发展的操纵和控制。西方国家利用转轨时期疯狂进行文化输出和意识形态输送，而对西方文化的盲目崇拜，导致利己主义、享乐主义、理想主义和低俗文化等糟粕蜂拥而至，这对正确评价、构建发展市场经济是十分不利的。以上现象表明，市场经济体制的建立并不是一蹴而就的，甚至是十分艰难的，它需要得到马克思主义理论的支持与捍卫。

高清海所提出的"实践观点的思维方式"就是对马克思主义哲学本质的把握，它面对市场经济复杂多变的具体实际，运用马克思哲学的思维方式逐一消除市场经济的负面影响。我们应该运用马克思的思维方式去发现和解决转轨过程中的问题，包括经济、社会、政治、文化等多方面的新变化、新特征，并及时做出调整和回应。这样，在社会主义市场经济形态确立过程中，高清海所提出的"实践观点的思维方式"在思想意识领域坚持了市场经济的主导地位，从这个意义上来看，"实践观点的思维方式"通过对意识形态的坚守而推进了市场经济体制的确立的历史进程。

3. 促进市场经济生活中人的发展

高清海所关注的现实主要是中国社会发展的现实，而在改革开放的新时代市场经济就代表着中国社会发展的现实。由计划经济到市场经济转轨的过程中，人的生存状态从稳固安定到起伏不定，人的生存境况掌握在自己手中，是否能遵循市场经济规律、是否能优先发现机遇、是否具备沟通和合作能力等因素使人的生存状态开始差异化，人的生存方式、生活方式、思维方式都呈现多样化发展。例如，习惯安稳生活的人们必须适应市场的多变性和快节奏，适应集体依赖的人们必须消解自己的整体性观念而构建主体性，沉沦在舒适生活中的人们必须面对激烈残酷的竞争和压力，由此产生的及时行乐、追名逐利、盲目崇拜和个人主义等观念使许多人面对瞬息万变的时代和观念显得无所适从，从而在内心上表现出迷茫与困惑，迷失了人的内在精神世界。

在"实践观点的思维方式"的具体运用上，高清海创新性地从个人主体出发来考察市场经济，并将市场经济纳入到中国哲学发展的宏大体系当中去思考，撰写了多篇人与市场经济及相关问题的文章。高清海先生认为，我们必须从历史唯物主义的角度看待事物本质，马克思的"三形态论"告诉我们，市场经济的本质除了供需关系和价值规律等经济学解释，还隐含着哲学意义上的人的存在形态的变革。如高先生所言："市场经济发展最为根本的意义就在于促进普遍的独立个人的生成。"① 市场经济在历时态上存在着促进人的独立性的历史任务，从人的发展的历史现实来考察，可以看出市场经济实现了个体存在方式的转变与发展，发挥了其应有的历史作用与意义。"人类的历史形态变革和人性的发展完善，归结起来就是市场经济的形上意义。"② 市场经济是不可或缺的经济形态，这种"不可或缺"不仅体现在历史意义和社会形态上的不可跨越，也表现在人的存在形态变革的不可或缺，即在人的发展中形成"个人的独立性"与"具有自由个性的人"的决定性意义。因此，运用"实践观点的思维方式"对于促进市场经

---

① 高清海：《高清海哲学文存》第 2 卷，吉林人民出版社 1997 年版，第 179 页。
② 胡海波、马军海：《走向未来的哲学精神——高清海先生"类哲学"思想的自我意识》，《社会科学战线》2019 年第 7 期。

济生活中人的全面而自由的发展是极具现实价值的。

二 契合思想启蒙与解放的时代诉求

正如马克思所说"理论在一个国家实现的程度，总是决定于理论满足这个国家的需要的程度"。我们必须深入理解这句话背后所隐藏的深奥意蕴。哲学家所提出的理论思想被世人所知、称道并产生深远影响，其内涵的哲学内容和理论水平固然是十分重要的，但更重要甚至有决定意义的原因却在于是否"满足国家需要"，也就是说恰逢其时地符合历史发展规律、迎合社会发展需求、满足人的发展诉求的理论思想才能够因为完成了时代赋予的使命而真正被时代铭记，并最大限度地发挥与释放其理论价值和现实意义。高清海深刻理解了马克思的这一观点，较早地洞悉了这一时代规律而以此为己任不懈追求。他提出"实践观点的思维方式"，就是为了从哲学理论上助力改革开放伟大实践中对人的思想解放的时代诉求，从思维方式上实现根本性的变革，从这个意义上讲，高清海提出的"实践观点的思维方式"具有思想启蒙与解放的意义。

（一）思想观念的时代巨变

思想观念，属于意识形态领域的范畴，是客观存在反映在人的意识中经过思维活动而产生的结果，是人类一切行为的基础，虽然其具有无形性而不可见，但却可感知可表达，是以人的语言和行为为载体表现出来的。随着改革开放的深入和经济体制的转轨，人们的思想观念也随之发生改变，即由计划经济的封闭束缚思想转向了市场经济的开放自由思想。思想观念大变革带来了国人生活方式和精神面貌的巨大变化。孙正聿说："哲学对人与世界关系的探究和反思，对时代精神的塑造和引导，对人的观念的变革和更新，是通过哲学观念自身的变革而实现的，是通过赋予哲学观念以新的时代内涵而实现的。"①而哲学观念变革的终极目的就是改变人们的思想观念，迎合时代发展和社会进步，从而为我国现代化建设提供意识形态上的准备。

具体来说，随着改革开放时期解放思想的深入，人们的思想观念不断更新与变化，其表现主要包括以下几个方面。首先，党的工作重心由阶级斗争转向经济建设，人们在思想观念上也由自我封闭的"革命思维"转向自由开放的"变革思维"，人们的兴趣逐渐转向现实的物质利益，形成区别于传统义利观的趋利观念，从而开始远离极"左"的思想和理念。其次，人们思想观念由"唯上、唯书、唯理"向"唯实"转变，这里的"唯实"就是实事求是。人们不再盲目崇拜领袖和权威，能够客观地理性地对待以往神圣化、真理化的言论。再次，人们思想观念由"集体"向"个人"转变，即市场经济所催发的人的独立观念。人的集体属性转向了社会属性，人的独立意识的增强使人们自然摆脱了对集体主义的依赖。这也体现在经济生活中人们的竞争观念、效率观念和风险观念的增强。最后，人们对社会主义观念的认知也发生了根本性的转变，破除了"姓资姓社"的陈旧观念，冲破了对计划经济体制的盲目崇拜。人们放弃了资本主义与社会主义的对立意识，

---

① 孙正聿：《人与世界的否定性统一——高清海对人与世界关系的理解》，《天津社会科学》2015 年第 1 期。

而不再将市场经济等同于资本主义、将计划经济等同于社会主义。如高清海所说"社会主义与资本主义并不像人们过去所想象的那样是绝对不相容的、界线绝对分明的抽象对立关系,道理十分简单,社会主义只是资本主义在发展中的自身超越,也可以说就是除了自身弊端、获得合理形式的资本主义"①。

伴随着具有鲜明时代特征的思想观念变革,中国哲学开始反思。"哲学反思,并不仅仅以科学为对象,而且以人类把握世界的各种基本方式——常识、宗教、艺术、伦理等——为对象,并且以人类关于自身存在的自我意识——关于人类的实践活动及其历史发展的自我意识——为对象,因而是以人类关于人与世界关系的自我意识——世界观——为对象,而构成反思人类自己的思想与行为的哲学。正是在这个意义上,马克思主义哲学已经不再是'解释世界'的'哲学',而是'改变世界'的'世界观'"。② 因此,对马克思主义哲学的传统理解具有教条、片面、抽象、庸俗的重大局限,而受到了众多学者的质疑。高清海很早就看到了这一局限,从而始终以先行者的姿态引领着在这一时代观念变革的过程。

(二) 摆脱教条主义和经验主义思维方式的羁绊

从总体趋势来说,人类社会发展的历史,就是思想不断得到解放的历史。中国的改革开放实践印证了这一观点,改革开放首先是思想观念的开放,同时也是最困难、最重要的环节。而这种思想的解放内在的要求必须摆脱教条主义和经验主义思

---

① 高清海:《高清海哲学文存》第 2 卷,吉林人民出版社 1997 年版,第 237 页。
② 贺来:《通过改变"世界观"来改变"世界"——高清海先生哲学探索的重大旨趣》,《吉林大学社会科学学报》2020 年第 4 期。

维方式的束缚，或者说这是解放思想的基本条件。人类思想历程与社会发展进程一样曲折复杂，往往在新旧更迭时会面对主客观方面的巨大阻力，有时会因此产生停滞或倒退现象。而我国思想解放所面对的主要对象就是教条主义和经验主义，这也对我国理论研究提出了新的任务。高清海对实践观点的思维方式的深刻阐述，也是对马克思哲学本质的科学揭示，为我们不断跨越教条主义和经验主义的思想屏障提供了有效的路径选择，并奠定了基本原则。

教条主义对人们思想观念的严重束缚集中表现为以下两方面。一方面，传统习俗、传统观念、传统制度连同保守阶层和势力，极力扼制新的思想观念和先进阶层的崛起，庇护既得利益和落后观念。正如马克思所说："一切已死的先辈们的传统，像梦魔一样纠缠着活人的头脑。"[1] 另一方面，从主观性上来讲，人们的思想长期被教条主义的片面僵化思想所同化，自然很难再接受新的思想观念，直接导致这一接受过程变得极为漫长。这两方面说明客观环境和各种综合条件先在地影响和制约着人们的思维世界。邓小平曾在政治浩劫之后，面对人们落后僵化的思想观念，对"左"倾思想做出冷静客观的评价："一个党，一个国家，一个民族，如果一切从本本出发，思想僵化，迷信盛行，那它就不能前进，它的生机就停止了，就要亡党亡国。"[2] 教条主义错误地理解了马克思主义的"普遍性与特殊性"的关系，以经典作家理论观点所展现的普遍原理来看待和处理问题，却忽视了事物具体问题的特殊性，最终导致理

---

[1] 《马克思恩格斯文集》第 2 卷，人民出版社 2009 年版，第 471 页。
[2] 《邓小平文选》第 2 卷，人民出版社 1994 年版，第 143 页。

论脱离实践。教条主义曾长期影响着人们的思想,严重危害着社会主义建设与发展。

同教条主义一样,经验主义同样限制了人们的思想观念的解放。经验主义往往过分强调实践经验,狭隘地将特殊经验理解为普遍真理,轻视理论思想的指导作用。有学者称之为"形而下学"的思想方法,就是想凸显经验主义对主观的感性直觉的迷信。教条主义用孤立、静止、片面的观点割裂了理论和实践之间的关系,最终也导致理论与实践的分离,但是这种分离与教条主义恰恰相反,是走向了与教条主义对立的另一极。

教条主义与经验主义具有相同的缺陷,也导致相同的结果。他们都背离了马克思哲学的联系、发展、全面看问题的观点,最终导致理论与实践的分离与对立,从而必然走向失败。历史实践已经证明,只有以新的思想观念破除旧有观念的禁锢,即以实践观点思维突破教条主义和经验主义的思维,才能认清事物的本质,实现历史的实践的成功。

20世纪80年代,面对教条主义和经验主义意识形态与"解放思想、实事求是"思想路线的对抗和悖行,高清海坚定地站在反教条主义和经验主义的立场上,自觉地运用马克思的实践观点去克服和反思教条主义和经验主义。马克思本人反对将其理论教条化。马克思在他的思想形成时期一开始就向世人说明:"我们不想教条式地预料未来,而只是希望在批判旧世界中发现新世界。"① 高清海认为,马克思哲学通过从现实生活条件出发,彻底地反对抽象片面的教条主义观点。高清海对马克思哲学精神实质的准确把握,为我们克服教条主义和经验

---

① 《马克思恩格斯全集》第1卷,人民出版社1995年版,第416页。

主义提供了理论武器,以"实践观点的思维方式"去回应和纠正教条化、独断论的错误观念和做法,是从根本上冲破教条主义和经验主义桎梏的思维方式变革。

(三)"实践观点的思维方式"与中国思想启蒙

高清海清楚地认识到,对于改革开放所带来的时代观念的巨变,其实质在于思维方式的转变。实际上,在当代中国哲学界,纵观高清海的哲学历程,他始终代表着扎根于中国现实的先进思想,对话马克思理论与中国传统哲学精髓,通过理论参与、变革观念,深刻推进当代中国思想的启蒙。特别是高清海早期以"实践观点的思维方式"为主线的教科书改革和辩证法研究,在"文革"后的中国理论贫瘠的状况下,无疑是颇具启蒙意蕴的。"实践观点的思维方式"更是更新了人们的传统观念,实现了思维方式的转换,进而实现了思想启蒙与解放。

这里所说的"启蒙",内在地包含着两个方面。一个方面是对中国哲学的启蒙。高清海所关注和宣扬的是对马克思主义本质问题乃至整个哲学的元问题的根本性反思,奠定和引领了中国哲学进行基础理论研究的方向,从而达到了哲学启蒙的意蕴和效应。另一方面是对整个改革开放语境下的中国思想的启蒙,即意识形态上的启蒙。这两个方面实际上是一个问题,互相包含不可割裂。这里主要阐述的是后一个方面,即"实践观点的思维方式"对中国思想的启蒙和解放意义。

对中国思想而言,意识形态上的启蒙,主要集中在20世纪的前20年和后20年。众所周知,前20年是指以苏联马克思主义和五四运动为代表的近代中国思想启蒙,后20年是改革开放带来的思想的重新启蒙。高清海就是这"后20年"思想启蒙的代表学者。中国的意识形态经历了"左"倾思想的长期禁锢，在十年浩劫当中被严重扭曲，出现了压抑的停滞甚至倒退，因此，改革开放后的思想解放才具有了启蒙的意味。总体来讲，高先生对中国意识形态的启蒙作用可以表现在以下几个方面。其一，把人们的思想从教条主义和经验主义的禁锢中解放出来，为马克思主义哲学的重新解读提供前提。其二，在意识形态的转换过程中，运用马克思哲学的理论武器，在思想观念上有效地扼制了个人主义、功利主义、拜金主义和虚无主义等思想的滋生，保证了主流意识形态的主导作用。其三，深入社会现实，积极推进思想领域价值构建。通过马克思主义的思想资源，积极宣扬价值重建，为核心价值体系的构建提供了思想上的准备。

具体来说，高清海的启蒙思想贯穿在两个重要的工作当中。首先，以教科书的方式实现启蒙是必然且合理的，通过教科书改革实现思想启蒙是所有现代思想启蒙的首要选择和必然途径。近代西方启蒙思想家也深谙此道。霍布斯在《利维坦》中指出，使人们从单一的神学及其精神桎梏中区分并解放出来的最恰当方式，即编写关于人类知识及其运用的教材，至于法国启蒙学者致力的百科全书，正是关于人类知识的系列教科书。[①] 改革开放之后的中国，正如西方启蒙运动所面对的一样，被长期压抑的思想观念亟待冲散阴霾、重见天日，此时所产生的对正确理解马克思主义的哲学教科书的渴求十分强烈，需要

---

① [英] 霍布斯：《利维坦》，黎思复、黎廷弼译，商务印书馆1985年版，第135—145页。

一本能够克服陈旧思维、正确解读马克思、科学指导中国实践的哲学教科书。高清海认为,传统教科书之所以必须变革,就是因为它采用本体论的思维方式去解读马克思,而这一思维方式恰恰是马克思批判和超越的,由此而成的马克思哲学,自然不能展现马克思哲学的真谛,还在很大程度上限制了马克思哲学的发展和中国思想的解放。早在20世纪50年代他与刘丹岩先生就共同展开的对苏联模式教科书的初步批判,直到《马克思主义哲学基础》(上、下册)的问世,宣告了哲学教科书体系改革的落幕。高清海进行教科书改革的目的是推进思维方式与哲学观念的变革。教科书改革的成功在很大程度上实现了高先生对理论工作者和普通民众的思想启蒙的目的。另外,在《马克思主义哲学基础》之后,高先生出版了《哲学与主体自我意识》,这本书不但弥补了教材的形式不容易表述的一些缺陷,还在意识形态上直接提出了"实践观点的思维方式",具有鲜明的启蒙色彩。

高清海的另一个启蒙工作是本书第一章提到的辩证法研究。改革开放初期,除了完成《欧洲哲学史纲》外,高清海的工作重点其实是在辩证法领域。从1978年《毛主席对唯物辩证法理论的光辉发展》到1985年《对研究矛盾问题的若干想法》,高清海共撰写了15篇关于辩证法的论文。在他看来,辩证法所研究的是哲学的根本问题和总体变革,从根本上说就是思维方式和意识形态的研究,故此也可以说是关于启蒙的学问。因此,高清海为辩证法正名的系列成果都颇具启蒙的底蕴。高清海的辩证法研究与教科书改革是同步进行的,二者都意图通过变革哲学观念从而变革思维方式来推进中国的思想启蒙。

高清海先生认为，思维方式存在于人们的意识形态中，并决定着人们的世界观和价值观。"实践观点的思维方式"的提出既对他后来的理论具有深刻的启示作用，又对后来的哲学理论工作者们有启蒙效应，更重要的意义在于纠正了人们对马克思主义哲学实质的错误理解，从根本上实现了思维方式的变革。无论是教科书改革还是辩证法研究，以哲学观念变革推动思维方式变革，本身就显示了高清海哲学鲜明的启蒙特征。改革开放初期以思想启蒙为主题，这是时代的必然要求，高清海因时代之需顺势而为进行了影响深远的思想解放与理论创新，并持续坚持启蒙的学术传统，不断释放其思想启蒙效应。

三　回应全球化、现代性的时代课题

回顾高清海先生的哲学发展历程，他一直致力于用马克思主义的科学理论回答时代发展所面对的重大课题。而高先生的研究时段主要集中于他所生活的20世纪，这是一段波澜壮阔、震撼人心的人类历史，也造就了如高清海先生跌宕起伏的人生历程和由此产生的博大精深、不断超越的深邃思想。而高先生所关注的时代重大课题中，全球化和现代性是最具代表性和研究价值的问题域，也最为切中"现实世界"的问题呈现。就整个20世纪的具体表现来说，"一方面，资本主义正在全球范围内确立自己的统治地位，无论是经济的还是政治的，也无论是科技的还是文化的。在这一百年中，人类高扬理性，充分展示人的自主创造能力，经济全球化、生产现代化、外空间技术、克隆技术、人工智能等迅猛发展，可谓日新月异。但另一方面，这一百年也是战乱频仍、危机丛生，人性弱点和劣根性暴露无遗的一个世纪。两次世界大战、种族歧视、民族冲突、生态失衡、精神和信仰危机，人类的生存根基愈益被侵袭"[1]。但高清海对这一时代之问的理解并不只局限于表象，他关注的是更为根本的人的发展，即"现实的人"的存在方式和实践活动。高先生认为："本世纪把人类相继形成的几大社会或历史形态，也就是马克思所指出的人的三个基本形态汇聚在了同一个时空里，这是它最为突出的特点。"[2] 由此，他认为，所有这些当今社会最为明显的现实使"我们有可能从切身的体验和观察之中去对它们比较、鉴别，然后自觉地进行选择、组合和创造"[3]。这就是高清海先生理解全球化和现代性的视角。

（一）全球化治理的实践思维

全球化在自身发展进程中，构建了一个囊括所有国家、民族和个人的共同的发展轨道，推动了马克思所说的"历史向世界历史的转变"。全球化在增进世界公共利益、人类共同命运的同时，也由此带来了人类发展的危机和矛盾。高清海提出的"实践观点的思维方式"就是运用马克思的科学思维方式与世界重新对话，对解决全球化危机提供现实性的思考和切实的方案。

1. 马克思指认的"全球化"

在马克思的语境中，"历史向世界历史转变"就是他所指认的全球化，是我们从历史唯物主义对全球化的深入理解。

---

[1] 王福生：《类哲学与人类文明新形态》，《天津社会科学》2018 年第 6 期
[2] 高清海：《高清海哲学文存》第 2 卷，吉林人民出版社 1997 年版，第 135 页。
[3] 高清海：《高清海哲学文存》第 2 卷，吉林人民出版社 1997 年版，第 135 页。

马克思所说的"世界历史"就是以工业文明为前提的资本主义时代，但是世界历史的观念却不是直到资本主义时代才产生的。由于大工业生产首先实现了世界交通和世界市场，使所有国家深度地联结在一起，从而打破了各自为政、故步自封的世界格局，进而加速了"历史向世界历史的转变"。在世界历史的理论体系当中，马克思的交往理论至关重要，它从人际交往跃升至世界交往，国家与民族不再受限于地域，从而在多层次、多领域进行了前所未有的多边、双边合作。按照马克思对世界历史的观点，全球化与世界历史是同一的现象和过程，全球化的形成原因就在于世界交往的实现，当然，更深层次说，全球化的根本原因还在于生产力的提升、世界分工的扩大和资本的世界流通。

马克思指出："资本越发展，从而资本借以流通的市场，构成资本流通空间道路的市场越扩大，资本同时也就越是力求在空间上更加扩大市场，力求用时间去更多地消灭空间。"[1]在世界历史的发展过程中，资产阶级为了追求更多剩余价值和资本增殖，在世界范围内寻求机会、建立联系，从而促进了世界交往和世界市场的形成和发展，进而深入推进了"历史向世界历史转变"。而全球化与世界历史具有相同的进程，从这里可以看出，资本是全球化的直接动因，全球化本质上是资本的全球化。实际上，虽然资本的形态千变万化，但是支配全球化的资本逻辑却从未改变。

对于资本的全球化影响，马克思指出了世界历史的双重作用。一方面，资本在世界市场实现增殖，实现了世界历史和人

---

[1] 《马克思恩格斯全集》第30卷，人民出版社1995年版，第538页。

类社会的进步；另一方面，资本加剧了世界历史的矛盾，掌握资本的国家发展快于其他国家，这种失衡破坏了整个世界的良序发展。这就是全球化最大的问题所在，正如马克思所设想的结果："它使未开化和半开化的国家从属于文明的国家，使农民的民族从属于资产阶级的民族，使东方从属于西方。"① 历史的实践也充分证明了马克思这一论断，全球化一方面促进全球大发展，另一方面带来全球大问题，即国际秩序的失衡和国家间的贫富差距，这使全球化进程一定程度上成为不平等、不公平的历史进程。

马克思认为，世界历史的终点并非资本主义，而是共产主义，但是资本主义为世界历史走向共产主义提供基础和条件。马克思揭示了资本主义的基本矛盾，认为共产主义社会与世界历史的本质是一致的。他设想，当实现普遍交往和发达生产力时，世界历史必将由资本主义转向共产主义。在此过程中，全球化可以提供阶级基础和物质准备，为实现共产主义和人类解放创造良好的社会条件和坚实的基础。另外，按照马克思的思维方式来理解全球化，全球化的最终目的应该就是他所说的"自由人的联合体"，即"以每一个个人的全面而自由的发展为基本原则的社会形式"，也就是说，当前的全球化进程正处在由不完全的全球化向完全的全球化的过渡时期。

2. 全球化的实践维度审视

高清海对全球化问题有着深切的关注，他是这样来定位全球化的，"现代的世界，由于市场、贸易、生产、消费、科技、信息的广泛发展，一切地国家、民族都被紧密地联结在一起，

---

① 《马克思恩格斯文集》第 2 卷，人民出版社 2009 年版，第 36 页。

可以说已经是一个一体化和整体行动的世界。……每个人都只能在同人类整体的相互依存中生存和发展，人类的共同命运、共同利益已成为结果，每个人必须关注和考虑的切身利益和切身命运问题"①。这种全球化带来的共同性既是共同利益，又是共同挑战。全球化突破地域限制整合了全球资源，提升了世界生产力，实现了国际财富的增殖，但这是以放弃国际壁垒、模糊国家界限为前提和代价的。因此，每一个国家都成为全球链条中的一个环节，在共享全球化发展成果的同时，还要共担全球化风险。这种风险突出表现在气候恶化、粮食紧缺、恐怖主义、金融风险、流行疫情等全球性问题。许多问题在全球化时代都展现出了"蝴蝶效应"，全球化之前的局部问题并不会波及遥远的地区，甚至不会超越国界就能控制，全球化却无限放大了这个局部问题的影响。因此，从马克思的实践观点来看，当前全球治理与合作就显得尤为重要，各国需要在经济、政治、安全、文化、生态等具体领域进行广泛而深度的合作，才能共同抵御全球化风险，寻求共同发展。

　　高先生在全球化问题上的阐述主要集中在两个研究领域，一个是市场经济与人的研究，另一个是类哲学的研究。后者并非本书主题，这里主要讨论他沿着马克思世界市场的理路所阐述的全球化的内容和意义。他指出，"独立的个人在世界历史性的活动、人们普遍的交往关系中形成历史证明，只有市场经济才能突破地域、民族或家壁垒，推动'历史向世界历史的转变'，打破原始的保守自足状态在人们之间建立起最广泛、最

---

① 高清海：《高清海哲学文存》第2卷，吉林人民出版社1997年版，第136页。

普遍的交往联系,从而形成'世界历史性的、真正普遍的个人'"①。这里所要解决的交往关系,并非要摆脱或弱化与他人的社会联系,而是以社会性的普遍的交往关系取代狭隘的自然形成的人身依附关系。只有随着市场经济的建立与发展,生产力高度发展,才能建立普遍的交往关系,从而才能突破狭隘的地域性而生成普遍性的个人。所以马克思说,"每一个单独的个人的解放程度是与历史完全转变为世界历史的程度一致的"②。

那么,从人的发展角度来总结,一方面,全球化带来的规模和资源,为人的全面发展提供了物质基础和优越条件。另一方面,人与世界的关系却在全球化语境下迷失了,人与自然、人与社会、人与自身的关系都陷入了困境。因此,要克服全球化的负面影响必须回到马克思的思维方式中寻求答案。高清海将实践作为一种思维方式来理解,作为认识和解决一切问题的出发点,这就从一个更为开阔的视角给出一个回应全球化的现实的可能性。

按照高先生的观点,实践是人类把握世界的基本方式,是人类活动的基本内容。全球化是特指人的实践活动跨越了地域界限而呈现出的新时代特征,但归根结底还是人的实践活动。目前,人类已经将实践的对象延伸到世界的极限,呈现出规模空前庞大的实践特征。在这一实践过程中,当代人类的主体地位就显现出来了。国家、个体生存与发展同时表现为趋同性和差异性的发展特征,二者并不矛盾。全球化催生了各个国家的

---

① 高清海:《高清海哲学文存》第2卷,吉林人民出版社1997年版,第200页。
② 《马克思恩格斯全集》第3卷,人民出版社2002年版,第42页。

同质发展，同时也激发了各国差异化发展的欲望，开始寻求自身的独特价值。每个个体在依赖社会共同体的同时，也开始追求自我个性的展现，而实现自身的全面发展。因此，全球化促使人类更为清晰地理解人类实践活动的特征与矛盾，并积极践行解决方案。

另外，高清海认为，发现并解决时代课题是思想进步、社会发展的动因。当前我们面临的时代课题就是工业文明的双重作用：一方面，工业大生产创造出前所未有的物质财富，极大满足了人们的物质需求；另一方面，工业发展导致的资源和生态问题，使人类社会产生霸权主义、地区冲突、秩序失范等新难题。实际上，马克思哲学已经为人类提供了脱困的可能性路径。马克思早已看到工业文明发展的悖论，认为问题的根本在于资本主义生产方式，即工业文明所带来的财富增殖是以人类可持续发展为代价的。马克思主义哲学的时代性就体现在它是以解放全人类和人与自然、人与人和谐发展为宗旨和目标的。因此，高清海认为，解决全球化的时代课题，必须回到马克思的实践观点，运用实践观点的思维方式发掘问题的实质，站在马克思的立场回到现实世界的实践当中去找寻全球化的答案。

（二）现代性危机的拯救

现代性作为人类文明的成果，马克思主义哲学对现代性的批判具有重要的奠基作用。这种现代性问题突出呈现为理性、主体性和资本逻辑的危机，这种危机表现为在最新科技的掩护下，资本逻辑联袂工具理性实现对人的主体性的统摄，这需要我们回归到马克思实践观点的思维方式作出回应。而高清海提出的"实践观点的思维方式"作为人对自身生命本性的辩证觉解，深刻理解了现实生活的实践本质和现代性危机的矛盾实质，为我们理解现代性处境提供了可能性答案，为当代人的现代性拯救指明了基本的方向。

1. 现代性的三副面孔

全球化进程代表着统一性的融合与发展，同时也构成着对抗性的冲突与更迭。而这种对抗关系是现代性固有逻辑的宿命表达，在全球化的因困与宰制中，从来不会缺席"现代性"的身影。

现代性是历史的，但并非一个时间意义上的概念，或者说，每一个时代都有其"现代性"，每一代人都存在其独特的"现代性危机"。现代性是始终存在的，只不过，现代性作为一种理论自觉被指明和确立，普遍认为是法国启蒙运动所确立的"建立在理性至上之上的后中世纪文明"[①]。现代性批判作为具有时代性的哲学问题，就是源于其表征了人类社会发展过程中不可回避的现代性矛盾。黑格尔在他的《精神现象学》中把这个新时代的出现比喻为一次壮丽的日出："升起的太阳就如闪电一般一下子建立起了新世界的形相。"[②] 在他看来，现代就是新东西不断涌现的时代，甚至历史（"Geschichte"）也只是旧的东西不断被克服，新的东西不断产生。现代性不断克服与产生的新面孔已经开始成为普遍化的体系并对现代社会产生影响。对此，我们有必要进一步追问现代性危机的具体内

―――――――

[①] ［加］大卫·莱昂：《后现代性》，郭为桂译，吉林人民出版社2004年版，第35页。

[②] ［德］黑格尔：《精神现象学》（上），贺麟、王玖兴译，商务印书馆1979年版，第7页。

容，以使该题域的反思具有切实合理的指向。

(1) 理性的危机

在现代科技迅猛发展下的现代工业文明在很大程度上助长了工具理性，泯灭了价值理性，并呈现出明显的加速态势，这也使得对工具理性的批判有了新的活力和内涵。在"工具理性"中，变化的是"工具"，不变的是"理性"。黑格尔指出："凡是合乎理性的东西都是现实的；凡是现实的东西都是合乎理性的。"① 在他看来，理性可以也必然在现实中实现。从解决现代性问题的角度来说，理性的实现就是现代性危机的拯救。可以说工具理性与价值理性的平衡成为解决现代性问题的关键所在。但事实上工具理性片面压抑价值理性，不断抢占理性空间，这种"平衡"已经趋向严重"失衡"，理性的构架正在畸形化。工具理性是一种理性的思维方式，在物质生产力达到了前所未有的高度的今天，工具理性已经浸染了所有人类生活，从而变为一切社会生活的原则，理性的内涵被扭曲，理性的异化表现为工具理性的膨胀和价值理性的沦丧。工具理性一方面以合理化的姿态融入现代社会，另一方面又以合理化的形式形成对现代人思维的统治。

(2) 主体性遮蔽

"一般说来，现代世界是以主观性的自由为其原则的。"② 主体性原则构成了现代性的根基，主体性的弱化与丧失意味着现代性的激进。其可能的结果只能是个体自由的丧失和技术独

---

① [德] 黑格尔：《法哲学原理》序言，范扬、张企泰译，商务印书馆1961年版，第12页。

② [德] 黑格尔：《法哲学原理》，范扬、张企泰译，商务印书馆1961年版，第291页。

裁的入侵，人的现实性被遮蔽，人的存在方式被侵占。因此，作为现代性的起点和基本论域，主体性在今天非但没有限制其地位，且更开辟了新的意义。如果从路径方向上来看，这种主体性的削弱存在着"由外向内"和"由内而外"两种不同的路径，当然两条路径走向一致的结果，或者说共同促成了人的主体化的丧失。一方面，现代社会在获得新技术支撑后，更加肆无忌惮地要求资本增殖和进步强制，这种极速演进的疯狂发展造成"主体最终被外化、被放逐了，其一直享有决定性的、本质性的地位被否定了"[1]。另一方面，可以视为前一路径的结果，就是主体在服从于科技的主观认可中的自我异化。这种"认可"并非客观的、被动的、消极的接纳，而是主观的、主动的、积极的迎合，表征着人们对新时代美好生活的向往，即现代主体自愿以削弱主体性的代价来换取现代文明和生产方式的进步，这在很大程度上鼓励了技术主义和工具理性对人的主体性的践踏。

（3）资本的奴役

资本逻辑的内在本性起始并归属于现代性的维度之中，所有现代性问题的立场与结果也必然无法逃脱资本逻辑的统摄。我们所探讨的现代问题的答案无不隐藏于资本逻辑本身当中。这里我们必须清醒地认识到，资本逻辑的无节制发展才是现代性的原罪，资本逻辑的目的仍然是马克思所说的"资本增殖"。而资本与现代理性共谋的现代性为实现这种"资本增殖"提供了现实性的可能。具体来说，正是资本增殖的强烈需求，使资本主义推翻了自我标榜的"价值中立"而转向了

---

[1] 王治河：《后现代哲学思潮研究》，北京大学出版社2006年版，第62页

"价值的消解",价值理性向工具理性倾斜。同时,也正是这种资本增殖的需求造就了工具理性的疯狂的"加速度"特征,成为其与传统理性的最具时代性的差异。因此,面对现代性的丰富内涵,如果只从理性或资本逻辑的单一视角进行批判显然是不可行的,必须构建起资本与理性共同的逻辑框架,在这个框架上进行全面的、统一的批判。另外,主体性的丧失也是资本逻辑主导下的产物,是资本霸权下个体生存的现实境遇。在资本主义发展逻辑下,人以追求发展为目的在资本的平台上创造出许多"工具",随着资本逻辑的极速渗入,作为中介与手段的"工具"反噬了主体,主体却颠倒成为资本实现附加增殖的中介,丧失了主体以"人的发展"为目的的初衷。人与商品、与消费、与技术相异化,资本逻辑致使人的主体性的失落从而深刻地影响到了现代性自身,这已是不争的事实。这就要求我们必须回到马克思的实践观点,挖掘现代性所遮蔽的本质逻辑。

2. 基于实践观点的现代性解构

现代性归根结底要回到现实世界的实践当中去找寻现代性的答案。而这种对现代性问题的解答和回应正是马克思哲学立场和原则的再次确证。对于这一点,高清海先生曾指明:"实践是消除主观性与客观性各自的片面性、使主体与客体达到统一的活动……在实践活动中不仅蕴藏着人类社会生活的一切秘密,也蕴藏着人的对象世界的一切秘密。它是人类面对的一切现实矛盾的总根源,同时又是人类能够获得解决这一切矛盾的力量和方法的源泉宝库。"[①]

[①] 高清海:《高清海哲学文存》第1卷,吉林人民出版社1997年版,第125页。

对应上文提到的现代性的三种具体表现,"实践观点"提供了至少如下三个方案的解答。

(1)马克思理性批判到实践批判的转向

在马克思的立场上,现代性批判也经历了从理性批判到实践批判的转向过程,马克思在对启蒙理性扬弃的过程中开始关注资本现代性,如他所说"哲学家们只是用不同的方式解释世界,问题在于改变世界"①。也就是说,马克思在《关于费尔巴哈的提纲》中提出的"实践观点"就是具有"改变世界"意蕴的思维方式,从根本上克服了理性批判的"不切实际的"解决方案。马克思深刻认识到要理解现代性,仅在思维领域进行理性逻辑分析是行不通的,必须以社会现实作为考察对象,从资本主义社会内部生产方式去发现现代性的秘密。马克思颠覆了传统思维模式中对理性主导现代性的理解,揭示了资本作为现实社会的基本运行逻辑,实际上控制着"改变世界"的钥匙,实践是"改变世界"的武器,而现代理性作为资本的同谋,已然失去其主导权而退隐到次要的位置。马克思从未否定过资本和技术对于人和人类社会的积极价值,他所批判的是"资本主义内在运行机制"。从实践观点的立场出发,我们可以清晰地看到,现代性的实质是资本逻辑借助理性实现对人的抽象统治。即使对于马克思所处的时代而言,现在的资本和技术的形态已经面目全非,但资本主义的内在逻辑悖谬并不会因此自我消解,人的思维仍然被资本裹挟而远离自由。因此,我们必须立足社会现实,合理利用资本而非拒斥资本,避免被资本逻辑所蒙蔽和操控,以实践观点真正回归"现实的个人"

---

① 《马克思恩格斯文集》第 1 卷,人民出版社 2009 年版,第 506 页。

的自我实现。

(2)"现实的个人"的实践本性

面对现代性问题,主体性的消隐成为其中要深度诘问的对象,而马克思站在实践观点上对这一问题的回答现在来看依然是深刻而有效的。马克思对人的主体性的理解主要表达为以"现实的个人"所指称的实践主体。"这是一些现实的个人,是他们的活动和他们的物质生活条件,包括他们得到的现成的和由他们自己的活动所创造出来的物质生活条件。"① 可以看出,"现实的个人"内含实践主体的意味,"现实的个人"创造"物质生活条件"意即现实的对象性的实践活动,实践性构成了主体性的根基,创造"物质生活条件"的最广泛的人民群众才是真正的实践主体,而现代性不过是人民群众进行现代化物质生产活动的产物。当然这里所说的"物质生产活动"在新时代一定体现或包括数据生产活动和其他新形式生产活动。这种"现实的个人"所把握到的人并非抽象的、思辨的主体,而是在实践活动中生成并不断丰富自身的感性主体。马克思实践主体实质上早已对人的主体性遮蔽做出了恰当的解答,马克思为了遏制与克服资本与理性的"万能",从而确立了人民群众作为实践主体,在现代化的实践活动中具有创造性的主体价值。

那么,怎样实现主体的价值呢?马克思的观点是,实践主体将实践视为根本属性与存在方式,也只有在社会实践中才能实现自身的价值。如何实现"人的价值"是马克思哲学以及一切哲学的必解之题。马克思认为,人通过主体性的自由自觉

---

① 《马克思恩格斯文集》第 1 卷,人民出版社 2009 年版,第 519 页。

实践而实现人的对象化,即人只能通过社会实践克服自身有限性而创造和实现人的价值。而只有这种由实践生成的经验建构的价值,才是最现实、最有效的价值。马克思反对用思维来改造思维,用理性来规范理性,认为这样根本无法彻底改变社会现实,"思想根本不能实现什么东西。为了实现思想,就要有使用实践力量的人"①。这个"使用实践力量的人"就是对"现实的个人"的更加直接与具体的说明与阐述。以马克思实践立场来看,实现人的价值并非与生俱来的,更不是一蹴而就的,是需要实践主体以实践观点的思维方式去不断超越自我、更新观念和克服缺陷,从而无限接近马克思所说的"人的自由而全面的发展"。

(3) 资本的解放

资本以多种面孔出场,以符合时代特征且大众更愿意接受的姿态出场,或者说以资本更便于融入大众的姿态出场,但这并未改变资本自我否定的根本症结。马克思说"资本是一个活生生的矛盾"② 意指资本在"力求全面的发展生产力"的同时,狭隘地"使对象化的剩余劳动即剩余产品增殖价值"③,最终"把资本推向解体"④。也就是说,对资本逻辑的现代性而言,资本走的是以危机化解危机、以资本终结资本的自我解蔽之路。马克思深刻地指出,使资本陷入悖论的根由恰恰是资本本身,是资本主义生产关系。而反过来看,资本本身携带的"自反性"又是促进资本消亡的内在机理。因此,在如此矛盾

---

① 《马克思恩格斯文集》第1卷,人民出版社2009年版,第320页。
② 《马克思恩格斯全集》第30卷,人民出版社1995年版,第405页。
③ 《马克思恩格斯全集》第30卷,人民出版社1995年版,第447页。
④ 《马克思恩格斯文集》第8卷,人民出版社2009年版,第190页。

的资本面前，彻底地拒斥资本与迎合资本都是不可取的，唯有扬弃并不断超越资本才能摆脱资本的裹挟，实现资本的现代性美好追求。这是马克思基于实践观点对资本超越的鞭辟入里的总结与预测。进一步来看，我们可以认为，关于资本的一切都是实践的，资本的产生、运动与终结都是我们的现实生活，那么，无论是哪种形式的资本，必须以实践观点加以审视、瓦解与超越。人类思维被资本逻辑禁锢已久，现代实践者必须改变思维模式，以马克思的实践思维来认清新时代资本的本性和运行逻辑，从而摆脱自身困境而实现人的自由与解放。

面对现代性的危机，高清海提出的实践观点的思维方式仍然具有理论生命力，是有效回应现代性的理论武器。

结　语

　　回顾高清海先生的哲学思想历程，总体来说，在"类哲学"诞生以前，高清海先生主要做了两件事情。其一，通过哲学教科书改革还原马克思本来面目，并提出"实践观点的思维方式"真正理解马克思主义哲学。其二，变革哲学观念，用马克思主义哲学回答改革开放的时代课题。这两件事情的非凡意义在于，不但坚守了马克思哲学的本真精神，而且应用于当代中国实践，对中国现代马克思主义思想研究甚至中国现代哲学史研究都贡献了极其重要的深邃思想，为改革开放和市场经济的发展提供了极其重要的理论支持。高清海在生前已出版了九卷本《高清海哲学文存》，大致包括了哲学教科书改革，实践观点的思维方式的确立，其后的一系列哲学观念变革，比如说对真理、价值、唯物论与唯心论、辩证法与形而上学、世界观、市场经济与人的发展等问题的讨论，当然还包括高先生的"类哲学"思想。所有这些思想，呈现了高清海先生一生对马克思主义哲学的不懈追求与崇高理念。虽然这些思想处于高先生思想历程的不同阶段，关注的重点和侧面有所不同，但深入其内在脉络，就可发现，这些不同阶段的探索，并非独立和不相干的，而是体现着不断深化和推进的内在思想轨迹，而贯穿其中的核心，正是高清海先生这一最深切的眷注和关怀：实践观点的思维方式。

高先生早期进行哲学研究时，就开始关注哲学的根本问题，于是清晰地将哲学总体观念确定为毕生的研究方向。因此，在这个大方向的引导下，高清海先生以实践观点的思维方式理解马克思主义哲学的实质，并以此为基础对整个哲学观念进行了变革，比如对真理、价值、主观性、唯物主义与唯心主义等问题的重新理解。其结果就是，当中国学界在面对现代西方哲学所显露出的理论贫瘠和自信不足，高先生作为极少数精通西方哲学史、精通马克思主义哲学经典著作的哲学家，开始引领中国的马克思主义哲学研究跨越式提升到现代乃至后现代哲学的水平。

高清海是一位具有独特精神品格的思想者。作为当代中国的马克思主义哲学家，他较早地反思了苏联模式哲学教科书体系的缺陷，并在哲学内容和体系改革中，创造性地提出了"实践观点的思维方式"，以此重新理解马克思的哲学。高先生常常教导学生看问题要"抓根儿"，马克思主义哲学研究的"根儿"就在于思维方式，也就是，是否把握了马克思的思维方式即实践观点的思维方式，是否运用这一思维方式对现实世界的中国社会做出理性科学的解答。高清海通过教科书改革与系列理论探讨对马克思哲学革命的本质进行了澄清，还原了马克思哲学的本来面目，重新展现了马克思在哲学革命时所显示出的极为开阔的哲学视野。虽然高清海具有坚定的马克思主义信仰，坚信马克思理论学说的指导意义，但是中国特殊的意识形态与政治背景，又使他不断洞察和反思社会现实，也使他更加迫切地批判那些对马克思主义哲学的曲解和误解。他所关注的是马克思本身的马克思主义，同时对我国马克思主义哲学发展命运进行了深思，这体现了哲学家不可或缺的理论自觉、反思本性和使命担当。

高清海将马克思哲学革命的本质归为实践观点的思维方式，延展和丰富了马克思哲学体系的当代价值，为马克思主义中国化拓宽了视野，也为社会主义现代化建设和现代性、全球化危机的解除提供了切实的思想准备。由于马克思主义哲学在我国民主革命和社会建设中的特殊地位，它的思维方式必然浸入社会生活的各个方面，因而对马克思主义哲学的理解关乎人们的意识形态，也关乎国家命运的兴衰。而面对苏联和中国马克思主义哲学的严重扭曲，也只有从对马克思的重新理解中寻求解决对策和建构新的世界观，以一种更为合理的方式理解现实世界并推动人与社会未来发展的新的"世界观"的探求和阐发。从这个意义上说，高清海先生为中国马克思主义哲学的改革和发展作出了他独有的、不可取代的贡献。

纵观高清海一生的学术经历，他的哲学思想已经内在地与时代融为一体，对时代课题的深度关切是他的理论自觉。高清海的"实践观点的思维方式"思想为刚刚改革开放的中国社会和学界提供了一个重新把握与重新解释马克思的新参考系，以马克思的思维方式和话语方式来诠释开放的中国的理论图景，实现了马克思主义哲学与改革开放的现实的完美对话，推进了中国学界关于马克思思想研究的时代化、大众化、国际化。高先生将马克思主义视域中所概括的社会存在结合现时代的具体实践做了更为精细的分析、刻画和描述，在大时代背景中捕捉到了或激活了马克思主义哲学的革命斗争指导意义，以实践为中心把马克思的目光投射于当代，从而发现了一个全新的解决路径，从这个意义上来看就是一个结合当下的社会实践和时代精神而赋予其所开启的那个哲学视野以全新维度的过程。

在马克思看来，人在追求自身目的的过程中生成了人类的历史，或者说，人在历史性的实践中开创了人类的历史。马克思的实践观点并不是仅仅从感性直观的意义上来说的。马克思主义哲学关注人的当下与未来的生存与发展，这种人文关怀和价值体现使马克思哲学具有旺盛的生命力。这不仅体现于其经典理论观念在马克思时代的价值意义，更体现在它与人类社会发展的历史进程在每一个时代的重新对话之中，因此，马克思主义哲学研究必然具有十分强烈的"面向现实"和"改变世界"的理论诉求。

高清海清楚地认识到，改革开放是伟大的时代变革，是中国面临的最直接、最重大的社会现实。对于改革开放所带来的时代观念的巨变，其实质在于思维方式的转变。实际上，在当代中国哲学界，纵观高清海的哲学历程，他始终代表着扎根于中国现实的先进思想，致力于通过理论参与、变革观念，深刻推进当代中国思想解放和社会全面发展。而通过教科书改革和辩证法研究所表现的"实践观点的思维方式"，在"文革"后的中国理论荒原上，更是更新了人们的传统观念，实现了思维方式的转换，进而实现了思想启蒙与解放，更是助推了改革开放的伟大实践。

正如这一改革开放的伟大时代变革仍在不断开启和延续，甚至于在历史时代的意义上，还是一个初步的开启，高清海哲学，特别是他终其一生所崇倡的"实践观点的思维方式"在一定意义上也正是整个时代哲学的基础和开端。按照高先生

"创造中华民族的思想自我"的哲学期待,发扬并运用马克思主义理论观点直面中国当代现实问题,是中国哲学基础理论研究的重大研究方向,也是中华大地锐意进取、创新求实的民族精神的哲学呈现。

参考文献

（一）马克思主义经典著作

《邓小平文选》第 2、3 卷，人民出版社 1994、1995 年版。

《列宁全集》第 38 卷，人民出版社 1986 年版。

《列宁全集》第 55 卷，人民出版社 1990 年版。

《马克思恩格斯全集》第 1 卷，人民出版社 1995 年版。

《马克思恩格斯全集》第 30 卷，人民出版社 1995 年版。

《马克思恩格斯全集》第 3 卷，人民出版社 2002 年版。

《马克思恩格斯文集》第 1、2、8、9 卷，人民出版社 2009 年版。

《马克思恩格斯选集》第 3 卷，人民出版社 2012 年版。

（二）中文专著

程彪：《〈德意志意识形态〉与历史唯物主义的当代解释》，中国社会科学出版社 2019 年版。

高清海、胡海波、贺来：《人的"类生命"与"类哲学"——走向未来的当代哲学精神》，吉林人民出版社 1998 年版。

高清海：《高清海类哲学文选》，王福生、傅耕石、韩志伟、元永浩编，人民出版社 2019 年版。

高清海:《高清海哲学文存》第 1—6 卷,吉林人民出版社 1997 年版。

高清海:《高清海哲学文存·续编》第 1—3 卷,黑龙江教育出版社 2004 年版。

高清海:《面向未来的马克思》,元永浩、韩志伟、傅耕石、王福生编,中央编译出版社 2018 年版。

高清海:《人就是"人"》,辽宁人民出版社 2001 年版。

高清海:《找回失去的"哲学自我":哲学创新的生命本性》,北京师范大学出版社 2004 年版。

高清海:《哲学与主体自我意识:论马克思实践观点的思维方式》,北京师范大学出版社 2017 年版。

高清海主编:《马克思主义哲学基础》(上、下册),北京师范大学出版社 2012 年版。

贺来:《"主体性"的当代视域》,北京师范大学出版社 2013 年版。

贺来:《辩证法与实践理性——辩证法的"后形而上学"视野》,中国社会科学出版社 2011 年版。

贺来:《现实生活世界:乌托邦精神的真实根基》,吉林教育出版社 1998 年版。

刘丹岩、高清海:《论辩证唯物主义与历史唯物主义的关系》,上海人民出版社 1958 年版。

刘放桐:《西方近现代过渡时期哲学》,人民出版社 2009 年版。

刘放桐:《现代哲学发展趋势》,上海人民出版社 2019 年版。

孙利天:《高清海哲学思想讲座》,中国社会科学出版社 2014 年版。

孙利天:《论辩证法的思维方式》,吉林人民出版社 2006 年版。

孙正聿：《理论思维的前提批判：论辩证法的批判本性》，辽宁人民出版社1992年版。

孙正聿：《马克思辩证法理论的当代反思》，人民出版社2002年版。

孙正聿：《思想中的时代——当代哲学的理论自觉》，北京师范大学出版社2004年版。

孙正聿：《为历史服务的哲学》，中央编译出版社2018年版。

孙正聿：《哲学的目光》，吉林人民出版社2004年版。

孙正聿：《哲学通论》，辽宁人民出版社1998年版。

孙正聿等：《马克思主义基础理论研究》（上、下），北京师范大学出版社2010年版。

王福生：《求解"颠倒"之谜：马克思与黑格尔理论传承关系研究》，中国社会科学出版社2010年版。

王干才：《实践思维——马克思主义哲学当代形态研究》，中国社会科学出版社2004年版。

王庆丰：《哲学的切问与近思》，中国社会科学出版社2018年版。

王治河：《后现代哲学思潮研究》，北京大学出版社2006年版。

叶汝贤、孙麾：《马克思与我们同行》，中国社会科学出版社2003年版。

俞吾金：《被遮蔽的马克思》，人民出版社2012年版。

俞吾金：《重新理解马克思——对马克思哲学的基础理论和当代意义的反思》，北京师范大学出版社2013年版。

张世英：《论黑格尔的逻辑学》，上海人民出版社1982年版。

张一兵：《回到马克思——经济学语境中的哲学话语》，江苏人民出版社2009年版。

（三）中文译著

[加] 大卫·莱昂：《后现代性》，郭为桂译，吉林人民出版社 2004 年版。

[英] 霍布斯：《利维坦》，黎思复、黎廷弼译，商务印书馆 1985 年版。

[德] 海德格尔：《存在与时间》，陈嘉映、王庆节译，生活·读书·新知三联书店 1987 年版。

[德] 黑格尔：《法哲学原理》，范扬、张企泰译，商务印书馆 1961 年版。

[德] 黑格尔：《逻辑学》（下卷），杨一之译，商务印书馆 1981 年版。

[德] 黑格尔：《精神现象学》，贺麟、王玖兴译，商务印书馆 1979 年版。

[德] 胡塞尔：《欧洲科学危机和超验现象学》，张庆熊译，上海译文出版社 1988 年版。

[英] 哈耶克：《个人主义与经济秩序》，邓正来译，生活·读书·新知三联书店 2003 年版。

[法] 葛兰西：《实践哲学》，徐崇温译，重庆出版社 1990 年版。

[奥] 维特根斯坦：《哲学研究》，李步楼译，商务印书馆 2000 年版。

（四）期刊

白刚、付秀荣：《马克思"类哲学"：科学发展观的理论基础》，《社会科学家》2008 年第 11 期。

邴正：《哲学的生命在于创新——论高清海教授的哲学思想及其理论创新》，《吉林大学社会科学报》2005 年第 4 期。

蔡军迎：《马克思实践观点的思维方式及其哲学意义》，《齐齐哈尔大学学报》（哲学社会科学版）2013 年第 5 期。

陈食霖：《苏联哲学教科书与马克思主义哲学中国化》，《山东社会科学》2011 年第 4 期。

丛大川、杜胜利：《实践范式的困境，精神范式的选择——高清海哲学思想解读》，《延边大学学报》（社会科学版）2010 年第 4 期。

崔秋锁：《高清海先生的哲学精神》，《长白学刊》2015 年第 2 期。

[韩] 韩相震：《高清海类哲学的人类——宇宙世界预设——关于西方世界主义与中国"天下"思想的新思考》，张心野译，《现代哲学》2020 年第 3 期。

高清海、孙利天：《马克思的哲学观变革及其当代意义》，《天津社会科学》2001 年第 5 期。

高清海：《价值选择的实质是对人的本质之选择》，《吉林师范大学学报》（人文社会科学版）2005 年第 3 期。

高清海：《类哲学与人的现代化》，《中国社会科学》1999 年第 1 期。

高清海：《论实践观点作为思维方式的意义——哲学探进断想之二》，《社会科学战线》1988 年第 1 期。

高清海：《论哲学观念的转变——哲学探进断想之一》，《哲学研究》1987 年第 10 期。

高清海：《马克思哲学的当代价值综论》，《中国社会科学》2001 年第 5 期。

高清海：《人的类生命、类本性与"类哲学"》，《长白论丛》1997年第2期。

高清海：《人的未来与哲学未来——"类哲学"引论》，《学术月刊》1996年第2期。

高清海：《人是哲学的奥秘——我对哲学如是说》，《哲学研究》1993年第6期。

高清海：《中华民族的未来发展需要自己的哲学理论》，《吉林大学社会科学学报》2004年第2期。

高文新、刘艳：《论高清海哲学的理论地位和意义》，《吉林大学社会科学学报》2006年第2期。

高文新、张伟娟：《"类哲学"理论研究》，《辽宁大学学报》（哲学社会科学版）2013年第6期。

韩立新：《人之"类"规定的意义——评高清海的"类哲学"》，《现代哲学》2020年第3期。

何萍：《高清海先生对马克思主义哲学原理教科书的解构及其当代启示》，《吉林大学社会科学学报》2020年第4期。

何萍：《中国马克思主义哲学自我革新的探路人——纪念高清海先生逝世十周年》，《吉林大学社会科学学报》2014年第6期。

何中华：《类哲学的提出及其对当代中国哲学的启示——类哲学：意义与启示》，《学术月刊》1997年第3期。

贺来：《从总体上提升人的生命质量——对哲学合法性的理论辩护》，《学习与探索》1999年第6期

贺来：《论人与哲学的内在循环关系》，《学术月刊》1999年第7期。

贺来：《马克思哲学的现代哲学品格及其当代性》，《东岳论

丛》2004 年第 3 期。

贺来:《通过改变"世界观"来改变"世界"——高清海先生哲学探索的重大旨趣》,《吉林大学社会科学学报》2020年第 4 期。

贺来:《用哲学追求和创造希望——纪念高清海先生逝世一周年》,《天津社会科学》2005 年第 5 期。

贺来:《在人们心满意足的地方引起不安——高清海先生示范的哲学精神及其特殊意义》,《江海学刊》2015 年第 1 期。

胡海波、马军海:《走向未来的哲学精神——高清海先生"类哲学"思想的自我意识》,《社会科学战线》2019 年第 7 期。

胡海波、郑弘波:《追寻中国哲学当代理念的"类哲学"》,《世纪论评》1998 年第 4 期。

胡海波:《创造中华民族的"思想自我"——高清海先生研究马克思主义哲学的中国立场与方式》,《吉林大学社会科学学报》2007 年第 6 期。

胡海波:《追寻人类本性的"类哲学"》,《吉林大学社会科学学报》1998 年第 1 期。

黄楠森:《关于类哲学的几个问题——读高清海先生〈关于人的类生命、类本性与类哲学〉》,《世纪论评》1998 年第 1 期。

刘福森:《马克思实现的哲学观革命》,《江海学刊》2014 年第 2 期。

刘怀玉、王巍:《突破教条、回到根本、畅所欲言的马克思主义哲学——以高清海与孙正聿先生学术思想为例》,《哲学基础理论研究》2014 年第 2 期。

刘友红、阳海音：《一个哲学家的心路历程》，《哲学动态》1998年第5期。

陆杰荣：《类哲学：哲学维度的思考方式》，《学术月刊》1997年第3期。

陆云：《马克思主义哲学的性质——实践观点的思维方式》，《长春工业大学学报》（社会科学版）2004年第3期。

陆云：《实践观点的思维方式与历史唯物主义的相通性——基于唯物史观之上的马克思主义哲学性质的探讨》，《长白学刊》2011年第4期。

马天俊：《"类哲学"的生命隐喻——纪念〈"人"的哲学悟觉〉出版十周年》，《纪念高清海先生逝世十周年学术研讨会论文集》2014年第10期。

马天俊：《人以释哲学，哲学以释人——读高清海〈"人"的哲学觉悟〉》，《哲学研究》2006年第3期。

漆思、张爽：《类本性理论的当代观照与人性自觉》，《江西社会科学》2013年第6期。

漆思：《"天下"思维与全球化时代人类的世界责任观》，《世界哲学》2007年第1期。

叔贵峰：《高清海的人性理论及其学术价值》，《辽东学院学报》2006年第1期。

孙利天：《创造中华民族自己的哲学理论——高清海先生的哲学遗嘱》，《社会科学战线》2004年第6期。

孙利天：《高清海教授的哲学思想与当代中国哲学的发展——纪念高清海教授执教五十周年》，《社会科学战线》2002年第5期。

孙利天：《我的导师高清海教授》，《社会科学战线》1996年第

6 期。

孙正聿:《大气、正气和勇气——高清海先生的为人与为学》,《吉林大学社会科学学报》2014 年第 6 期。

孙正聿:《个性化的类本性:高清海"类哲学"的内涵逻辑》,《社会科学战线》2019 年第 7 期。

孙正聿:《历史的唯物主义与马克思主义的新世界观》,《哲学研究》2007 年第 3 期。

孙正聿:《历史唯物主义的真实意义》,《哲学研究》2007 年第 9 期。

孙正聿:《人与世界的否定性统一——高清海对人与世界关系的理解》,《天津社会科学》2015 年第 1 期。

孙正聿:《提出和探索马克思主义哲学研究中的重大理论问题——评 2006 年〈中国社会科学〉若干哲学论文》,《中国社会科学》2007 年第 2 期。

王福生、贾云飞:《实践哲学视域下的高清海哲学》,《求是学刊》2020 年第 5 期。

王福生:《高清海类哲学研究中的几个问题》,《吉林大学社会科学学报》2019 年第 5 期。

王福生:《类哲学与人类文明新形态》,《天津社会科学》2018 年第 6 期。

王福生:《马克思主义的整体性及其内在结构》,《天津社会科学》2013 年第 6 期。

王南湜:《"类哲学":价值世界的理论奠基——高清海先生晚年哲学思考的再理解》,《吉林大学社会科学学报》2015 年第 1 期。

王南湜:《启蒙及其超越——高清海哲学思考的轨迹与意义》,

《天津社会科学》1999年第3期。

王南湜：《重建中华民族的价值理想——中国马克思主义哲学一条未彰显的发展路径及其意蕴》，《学习与探索》2017年第7期。

王庆丰：《论实践观点的思维方式》，《广西社会科学》2015年第6期。

魏书胜：《高清海"做人"思想的哲学内涵及其哲学观意义》，《吉林大学社会科学学报》2019年第5期。

谢俊：《人学理论的突破与超越：从实践论范式到系统论范式》，《西南大学学报》（社会科学版）2014年第9期。

薛俊清：《马克思哲学中"实践"的三重变奏》，《中国人民大学学报》2007年第5期。

杨沐、潘宇鹏：《以人学建构一个思想中的时代——纪念为中国哲学改革事业作出不可磨灭贡献的高清海先生》，《学术论坛》2006年第11期。

杨晓：《论实践活动中的类经验》，《社会科学战线》2019年第1期。

元永浩、韩相震：《一种来自中国的世界主义的模式——作为"宇宙生命主体"的高清海先生的"类存在"概念》，《吉林大学社会科学学报》2015年第1期。

元永浩、张佩荣：《类哲学：中国传统哲学的当代表述》，《吉林大学社会科学学报》2019年第5期。

元永浩：《实践观点的思维方式与类哲学——试探高清海先生的哲学创新逻辑》，《吉林大学社会科学学报》2017年第4期。

张静宁、张祥浩：《论高清海马克思主义哲学研究的三个阶段》,《东南大学学报》(哲学社会科学版)2018年第5期。

张曙光:《"类哲学"与"人类命运共同体"》,《吉林大学社会科学学报》2015年第1期。

赵卫:《"类哲学"、"物的逻辑"与人》,《深圳大学学报》(人文社会科学版)2001年第3期。

周德丰、李承福:《从阐发"人的哲学"到召唤建构"当代中国哲学"——高清海教授哲学观的发展历程》,《天津社会科学》2014年第3期。

邹广文:《高清海"人的哲学"的延展逻辑》,《天津社会科学》2015年第2期。

邹诗鹏:《表达这一个时代的高清海哲学》,《吉林大学社会科学学报》2005年第4期。

邹诗鹏:《高清海本体思维方式批判思想研究——基于〈哲学的憧憬〉的解析》,《现代哲学》2020年第3期。

邹诗鹏:《高清海与当代中国哲学的启蒙》,《天津社会科学》2015年第1期。